パーフェクトレッスンブック

サッカー ゲームメークの教科書

GameMake

監修 柏木陽介
(浦和レッドダイヤモンズ)

実業之日本社

PERFECT LESSON BOOK

ゲームメーカーは誰よりもうまくなければいけない

ゲームメーカーになるには、どんな練習をしたらいいですか？と聞かれたら、僕はこのように答えます。

とにかく、たくさんボールを触ってほしい、と。

ゲームメーカーは文字通り「試合」を「つくる」のが役割です。チームの中で最も多くボールに触って、攻撃を組み立てる。ただ、そうしたプレーをするために必要なのは「この選手にだったらボールを預

けてもいい」というチームメートからの信頼です。

どんなに自分がゲームメーカーになりたいと言っても、狙ったパスが出せない、しっかりとコントロールできない選手には、ボールは集まってきません。

だから、誰よりも、ボールを蹴ること、止めることにこだわってください。

僕はサッカーを始めた頃から、ずっとボールを蹴り続けてきまし

た。どんな遊びよりもボールを蹴ることが楽しくて、誰よりもうまくなりたかった。

放課後は空き缶当てで友達と競争したり、リフティングをしながら家まで帰ったり、バスケットゴールにシュートを入れて遊んでいました。そうやって自分で考えながら遊び、できるようになるまで繰り返しボールを触り続けました。

僕は最初からゲームメーカーだったわけではありません。中学生までの僕は何でも1人でやってしまう、いわば王様のような選手でした。

だけど、レベルが上がっていく中で、だんだん王様のようなプレーはできなくなっていきました。そこで自分にできることと向き合うようになっていったのです。

サッカーは11人でやるスポーツです。その中には、さまざまな特徴を持った選手がいます。足が速い選手、運動量がある選手、身体が強い選手……。

僕は身体も大きくないし、足も遅かった。フィジカル的に恵まれた選手ではありません。でも、ボールを止めること、蹴ることには自信がありました。そうやって、ゲームメーカーとしてボールにたくさん触って、攻撃を組み立てる、自分のプレースタイルができあがっていったのです。

ゲームメーカーに憧れる選手には、たくさんボールに触って、誰よりもうまくなることを目指してほしいと思います。その中でうまくいかないことや、壁にぶつかることがあったら、この本を読んでほしいと思います。

サッカー　ゲームメークの教科書

CONTENTS

第2章 コントロールの基本

第3章 ボールを受けるまでの準備

第4章

パスを出した後の動き

第5章

攻撃の組み立て（ビルドアップ）

第6章 攻撃の組み立て（チャンスメーク）

第7章

セットプレー

第8章

メンタル

CHAPTER 1

パスの基本

ゲームメーカーを目指すのなら、
まず習得すべきなのがキックの技術。
正確に狙ったところに蹴るだけでなく、
さまざまな場面に合わせて蹴り分ける
キックの種類を身につけよう。

PASS

CHAPTER 1

正確無比なパスと多彩なキックはゲームメーカーの必須技術！

ゲームメーカーにとって正確無比なパスと多彩なキックを習得していることは、ビルドアップからフィニッシュまで攻撃を組み立てるために必要不可欠な技術です。

近くの味方の足元にインサイドキックでピタリとパスをつけられることは基本中の基本ですが、それ以外にも前線にクサビの強いパスをつけたり、サイドを走るMFの前方のスペースにスルーパスを通したり、インサイドキックだけでも多くのパススキルが求められます。

当然、ゲームメーカーが担う仕事はさらに多岐に渡ります。例えばインステップキックで大きくサイドチェンジをしたり、インフロントキックでディフェンスラインの裏に落とすようなボールを入れたり、時にはチップキックで相手の裏をかいた意外性のあるパスで局面を打開することもあります。

このように攻撃のあらゆる場面に絡むゲームメーカーには、その状況に合わせたパスを使いわけ、攻撃をリードすることが求められます。

この章では試合で特に使うことが多い基本的なキックを紹介し、そのキックがどのような場面で必要なのかを解説しています。

優れたゲームメーカーになるために、正しくキックを蹴れることと、そのキックをどう生かすのかを覚えましょう。

パスの基本　CHAPTER 1 1

試合中に最も多く使う インサイドキック

土踏まずから踵の辺りを面にし、ボールの中心を捉えるように蹴ります

軸足をボールの真横に置き、つま先を蹴る方向に向けます

助走はワンステップで蹴れる距離から、しっかりとボールを見るようにしましょう

正確なパスはゲームメーカーの必須

サッカーの基本中の基本であり、試合でもっとも多用するキックが「インサイドキック」です。短い距離のパス、やや離れた味方へのパス、時にはシュートでも使います。インサイドキックが正確に蹴れなければ、試合の多くの場面で思ったようにプレーができません。

特にディフェンスラインから前線まで幅広いエリアでプレーする可能性があるゲームメーカーは、ボールを触る回数が多く、パスを出す機会も非常に多いポジションです。そのため、正確無比なインサイドキックが蹴れることはゲームメーカーにとって必須と言える能力なので、練習して正しい蹴り方を覚えましょう。

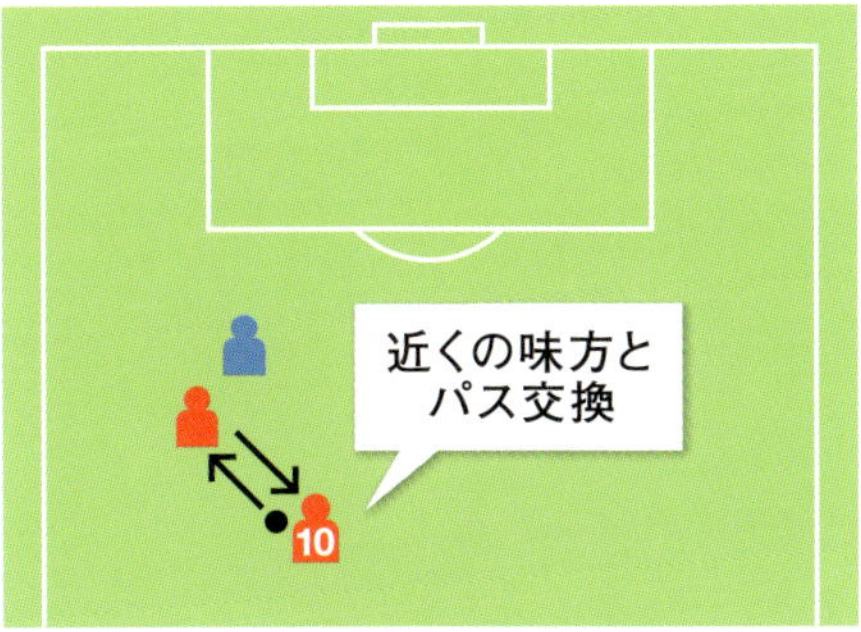

インサイドキックは、主に近い距離の味方とのパス交換で多用する。相手の足元へ正確なボールを届けられるのでミスが少なく、パスの中では一番使う用途が多い。

Kashiwagi *Point*

コンパクトな振りで中心を蹴る

インサイドキックのポイントは、コンパクトな振りで、くるぶしの下辺りでボールの中心を正確に捉えることです。また軸足の位置は基本的に真横ですが、自分が一番強くボールを叩けるポイントは人それぞれ違うので、練習して見つけましょう。

蹴る方向にまっすぐに足を振り抜くように意識しましょう

パスの基本

CHAPTER 1 2

足元に通す
強めのインサイドキック

軸足の位置は真横に置きます。助走の勢いをボールに乗せるため、踏み込みはやや深くなります

助走はショートよりもやや長くとり、勢いをつけて踏み込みます

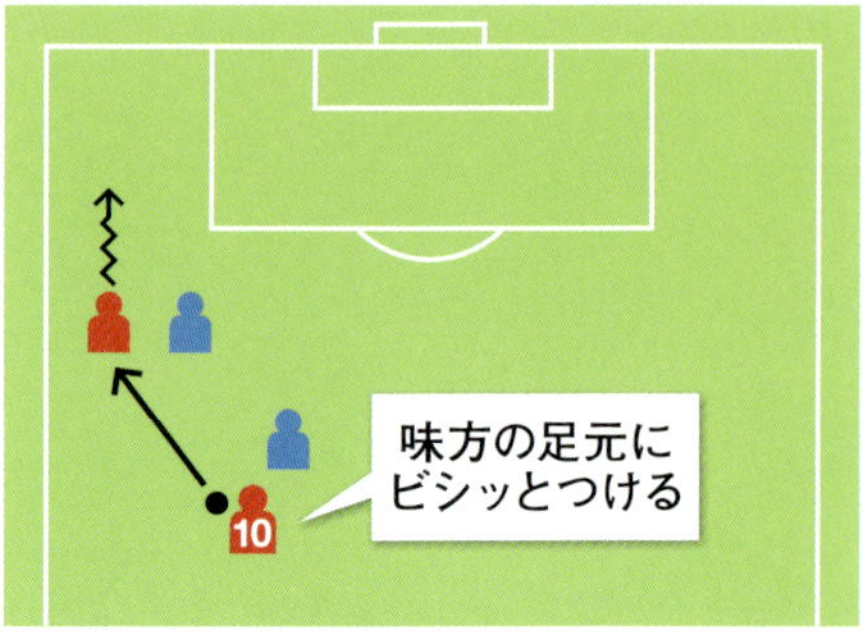

少し離れた味方の足元へ強いグラウンダーのパスをつける時に使うキック。距離が離れていても、速くて正確なパスを足元につけられれば味方はコントロールがしやすい。

距離のある味方にビシッとつけるパス

インサイドキックは短い距離のパスだけでなく、距離の離れた味方へのパスにも多用するキックです。

長い距離のパスにはインステップキックやインフロントキックなど、多くのキックの選択肢がありますが、味方の足元にビシッと正確につけたいなら、インサイドキックがもっとも適しています。一番正確性の高いインサイドキックは、長い距離を通すことも可能です。

ただ、短い距離のパスと比べると、助走の距離がやや長くなり、蹴り足のスイング速度も上がります。高精度なパスを出すためには、しっかりとボールの中心をインパクトできるように意識しましょう。

インパクト後は足を振り抜くようにフォロースルーをとりましょう

インパクトはショートのインサイドキックと同じ箇所で捉えます

Kashiwagi Point

助走で勢いをつけて軸足を深く踏み込む

インサイドキックで長めの距離のボールを蹴る時は、インパクトの位置は短い距離のキックと変わりませんが、助走をやや長くとる必要があります。助走の勢いをボールに伝えるために、軸足をやや深く踏み込んでボールの中心を叩くようにしましょう。

パスの基本　CHAPTER 1 3

鋭くカーブするインフロントキック

あらゆる場面で使える万能型キック

インフロントキックは長い距離のボールを蹴るあらゆる局面で多用するキックです。とくにライナー性の鋭いボールはパスだけでなく、シュートにも応用できるので、多くの攻撃の局面に関わるゲームメーカーとって、習得すれば大きな武器となります。

鋭く曲がるボールが蹴れるインフロントキックは、その特徴を生かしてゴール前へのクロスや走り込む味方に向かっていくボール、相手から逃げていくようなスルーパスといった相手のゴールに近い位置でも多く使います。

シュートではGKの手が届かない外側を巻いていくようなボールでゴールの隅を狙うこともできます。

Kashiwagi Point

巻き込むのではなく、まっすぐインパクトする

インフロントキックでライナー性のボールを蹴る場合は、インフロント部分でボールを巻き込むようなイメージではなく、インパクトする部分でボールの中心をまっすぐ捉えるようにしましょう。またカーブをかける時は、中心から少しだけ外側を蹴ると曲がります。

サイドの裏のスペースへ駆け上がった味方にスルーパスを出す時などに使う。浮き球の鋭いパスが出せるので、相手にカットされるリスクが少なく、裏をとりやすい。

パスの基本　CHAPTER 1 4

狙った場所に落とすインフロントキック

軸足はボールの横に置き、蹴り足のつま先はボールの下に滑り込ませて……

ボールのやや下をインフロントで蹴り上げるようにキックします

インパクト後は足をすくい上げるようなフォロースルーになります

柔らかいボールでスペースに落とす

インフロントキックは鋭く曲がるボールだけではなく、蹴り方を少し変えるだけで、柔らかい浮き球のボールを蹴ることもできます。

蹴り方のポイントはライナーのインフロントキックよりも、ボールの下をややすくい上げるように蹴ることで、高く浮いたボールになります。球足は少し遅くなりますが、そのぶん狙ったスペースに落とすようなボールを蹴ることができます。

ライナーはピンポイントのクロスボールやスペースに出して味方を走らせるイメージのパスになりますが、浮き球の場合、スペースに置きにいくようなパスになり、より繊細なパスに向いています。

ディフェンスラインとGKの間やコーナー付近など、狭いエリアにピンポイントで落とすようなパスを出す時に使うキック。

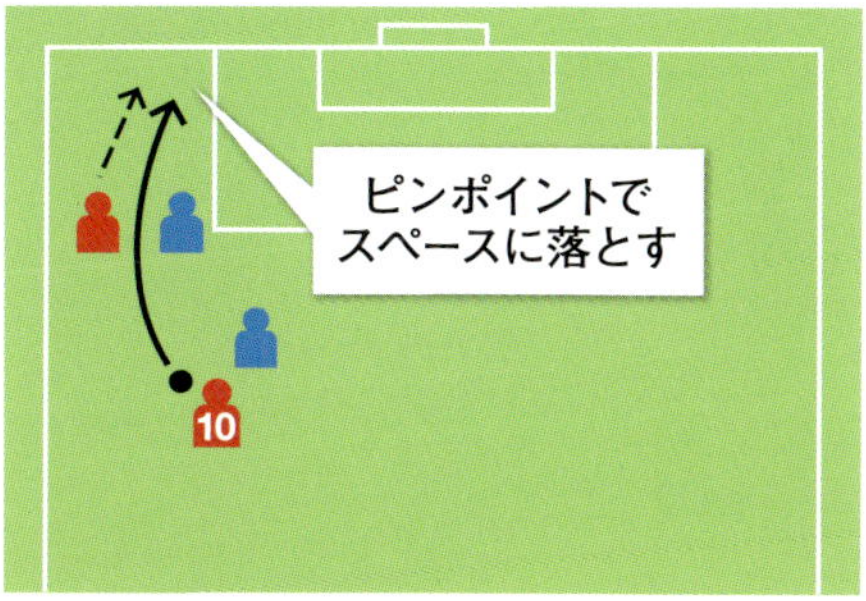

ライナーの時と同じように大きくバックスイングをとります

Kashiwagi Point

ボールのやや下を蹴り上げるイメージ

インフロントの浮き球は、ライナーの時にボールの中心をまっすぐ捉えるのに対し、ボールのやや下をインパクトします。蹴り上げるようなイメージでバックスピンをかけるようにインパクトすると、柔らかい浮き球が蹴れるようになります。

パスの基本 CHAPTER 1 5

ライナー性で飛ばすインステップキック

助走からバックスイングを大きくとり、ボールの真横に軸足を置きます。身体をやや倒し、蹴り足をボールに対して斜めに振り、足の甲の広い部分でボールの中心をインパクトします。

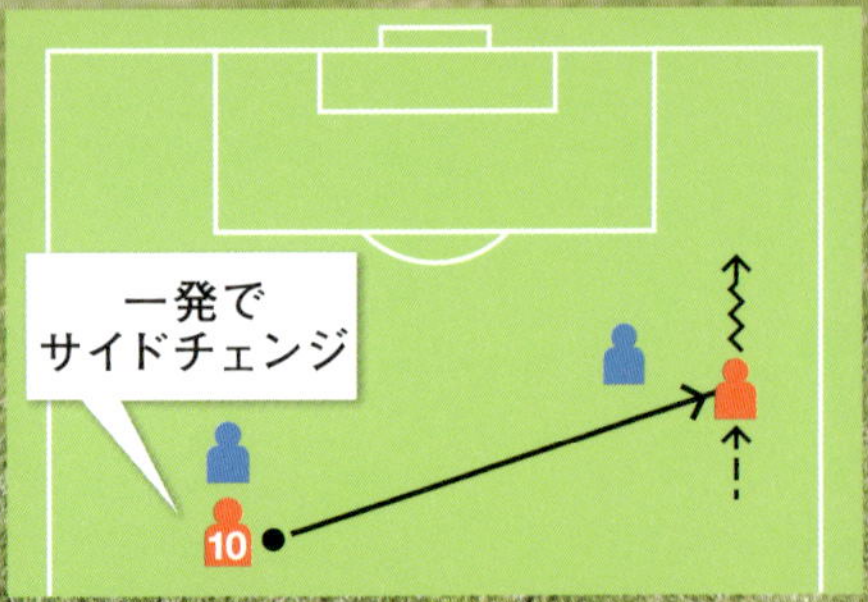

サイドチェンジなど一発で大きく展開する時に使うキック。カウンター攻撃など、素早い展開が求められる場面で多用する。

サイドを1発で大きく変える

インステップキックは主にシュートを打つ時に使われるキックですが、ゲームメーカーが攻撃を組み立てる時には、大きく素早く展開したい局面で多く使います。

わかりやすいのがサイドチェンジです。短いパスをつないでサイドを変えるよりもライナー性のインステップキックで一気にサイドを変えれば、相手がポジションを修正する間も無く逆サイドのスペースに侵入することができます。

スピードと距離が出るぶん、コントロールが非常に難しいキックです。低くまっすぐボールを飛ばすには、インパクトする足の甲の中心をボールの中心に正確に当てられるように練習しましょう。

Kashiwagi Point

自分なりのインパクトのポイントを見つける

インステップキックは足の甲の広く固い部分でインパクトすることで、ボールに大きなパワーが伝わり、勢いのある速いボールを蹴ることができます。ただ、そのインパクトする足の箇所というのは足の形やサイズが異なるので人それぞれ違います。一番力が伝わり、正確に蹴れるポイントを練習で見つけましょう。

パスの基本　CHAPTER 1 6

バックスピンをかける インステップキック

助走はボールに対してやや斜めから入ります

軸足をボールの真横に置き、上体をやや倒しながらライナーの時よりも蹴り足はコンパクトに振ります

蹴り足はボールの下側を足の甲でスライスするように滑り込ませます

インパクト後は振り抜くのではなく、ボールをカットするような形になります

受け手に優しい バックスピンボール

インステップキックも強く速いボールと、スペースに落とすような浮き球を使い分けることができます。

ボールの下に足の甲を滑り込ませるように蹴ることでボールは高く浮き、バックスピンをかけながら受け手へ届けることができます。

バックスピンがかかることで、バウンドした時にボールが減速し、受け手がトラップする時にコントロールしやすくなります。

また、ディフェンスラインの裏などスペースの狭いエリアにパスをする時もバックスピンがかかっていることで、GKまでボールが流れずにFWがトラップでき、シュートまで行くことができます。

ゴール前のFWの頭に合わせるクロスボールや高く浮かせてDFの頭を越したいボールを蹴る時など、ピンポイントなシチュエーションで使うキック。

Kashiwagi Point

足首をL字にして ボールの下に滑り込ませる

同じインステップキックと言ってもライナーと浮き球ではインパクトの感覚がまるで違います。ライナーは足の甲でしっかりと捉えるのに対して、浮き球では足の甲をボールの下に素早く滑り込ませてカットするようにインパクトします。足首は寝かせず、L字になるようにインパクトするようにしましょう。

パスの基本

CHAPTER 1 7

相手に読ませない アウトサイドキック

ボールのやや内側を足の甲の外側に当てるようにインパクトします

軸足はボールの真横に置きますが、蹴り足の膝が内側に入るように振ります

助走はボールに対して身体を半分外側にずらして入ります

クイックモーションで近くの味方にパス

攻撃を組み立てる中盤から前線にかけたエリアは選手が密集し、常に限られたスペースでプレーを強いられます。

アウトサイドキックでパスができるようになれば狭いエリアでの選択肢が増え、余裕を持ってプレーができます。

例えば左足でボールをキープしている場合、インサイドキックで左側へパスをするためにはボールの位置や身体の角度を変えるか、または右足に持ち替えなければパスができません。

相手が素早く寄せてきて余裕がない場面では、アウトサイドで近くの味方にパスをして、時間をかけずにボールを離すことは、ゲームメーカーに必要なテクニックの1つです。

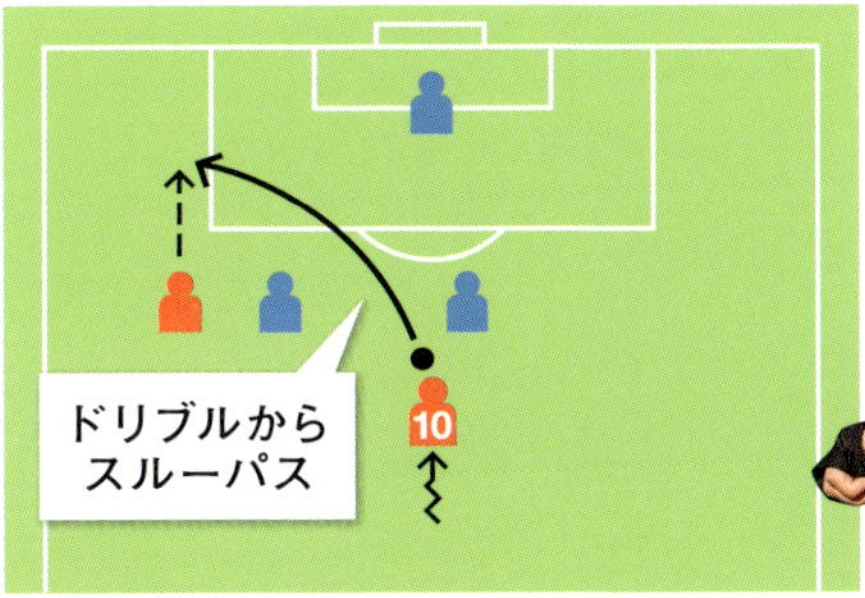

ドリブルでバイタルエリアへ侵入し、ディフェンスラインの間を縫うように、左のアウトサイドで左へ巻くようにスルーパス。相手が読みづらい裏をかくパスが出せる。

Kashiwagi Point

スペースがない時こそアウトサイドキックが必要

例えば相手が右側から寄せてきている場合、左利きの選手は遠い位置でキープするために、アウトサイドで外側へ回るようにボールを動かすことがあります。こうしたスペースも時間もない場合に、コンパクトなモーションでパスを出せるアウトサイドキックが重宝されます。

インパクト後は内側に少し捻るような形のフォロースルーになります

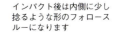

パスの基本 CHAPTER 1 8

ダイレクトで蹴る アウトサイドキック

カーブをかけて DFとDFの間を通す

アウトサイドで長い距離のパスを蹴ることができると、それだけで攻撃の選択肢の幅が大きく広がります。

左利きの選手であれば、インサイドキックやインフロントキックだけのパスでは身体の向きに対して90度の角度までしかパスができませんが、アウトサイドが蹴れれば、外側へも45度のパスが可能な範囲が広がります。

さらに左足だとインスイングで右側へのカーブしか蹴れなかったのが、アウトサイドがあれば左側へのカーブも可能になります。カーブをかけてDFの間を抜いたスルーパスなど、攻撃のアイデアを豊富に持てるのはゲームメーカーにとって武器になります。

助走はボールに対して正面から入ります。蹴り足はまっすぐにバックスイングをとりながら、インパクトの瞬間に膝を内側に入れるようにし、アウトサイドでボールの中心やや内側を蹴りましょう。インパクト後は内側へ振り抜くようにフォロースルーを取る形になります。

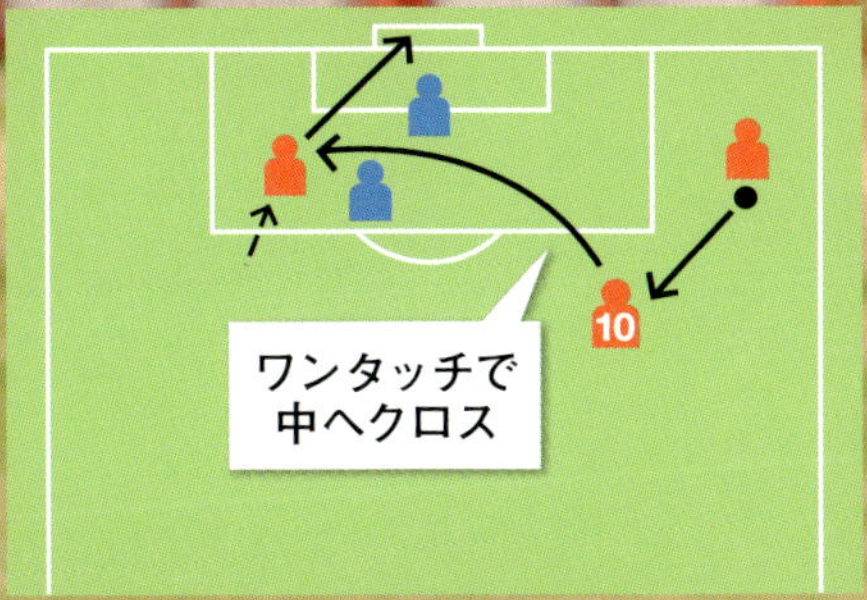

右サイドで左足に持ち替えずに、ダイレクトでDFの間を縫うようなクロスを上げる時などに使う。素早いタイミングで上げるので、DFが対応しづらいパスが出せる。

Kashiwagi *Point*

足元のパスを ダイレクトでキック

長い距離のアウトサイドキックを蹴る場合、止まったボールを蹴るよりも、足元に向かってくるパスをダイレクトで蹴るほうが遠くへ飛びます。さらに、ダイレクトで蹴ることで弱いボールになりがちなアウトサイドでも強いボールを蹴ることができます。また、相手の意表を突くこともできるので、ダイレクトで蹴る練習もしてみましょう。

パスの基本 CHAPTER 1 9

素早く浮かせるチップキック

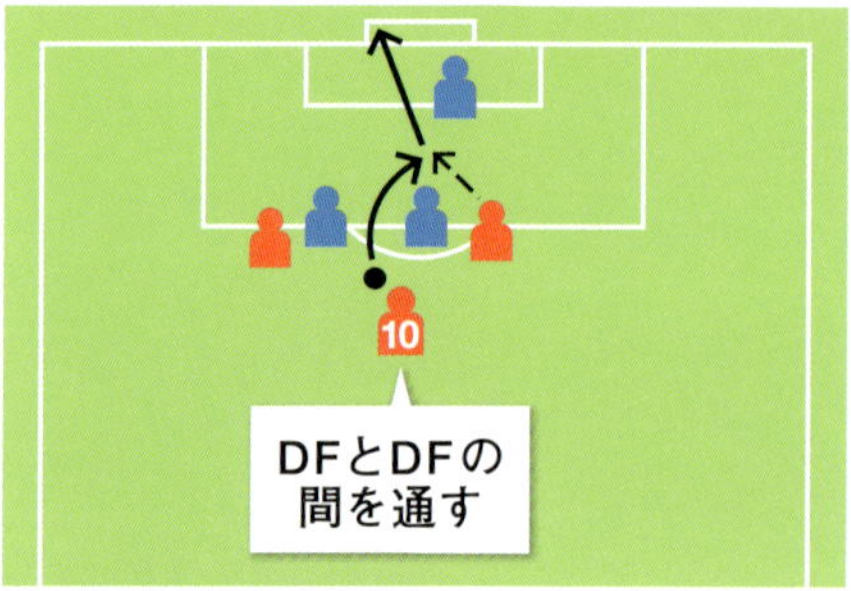

バイタルエリアなど、DFが密集する場所でスペースに落とす時に使うキック。膝や腰の高さを狙って浮かす。

Kashiwagi Point

つま先でボールの下をすくい上げる

チップキックのショートでは、ボールを押し出すというイメージではなく、つま先を使ってボールを軽くすくい上げるようにして蹴ります。ボールの勢いは弱いですが、そのぶん振りが小さく、DFが予測するのは難しくなるので意表を突くには最適なキックです。

バイタルエリアで意表をつく〝ちょい浮かし〟

相手が人数をかけて守るバイタルエリアのようなところでは、ゲームメーカーが狙えるパスコースは非常に限られてしまいます。

それでも優れたゲームメーカーはパスコースをグラウンダーのパスだけで考えていません。浮き球でも出せるコースも常にイメージしています。例えばチップキックを使えば反応しづらい膝横にパスを出したり、DF同士の間を抜いてパスができます。浮き球をイメージできるゲームメーカーはDFが切っていると思っている空間からパスコースを見つけてしまいます。

そうした相手の意表をつくような浮き球のパスで使えるのがチップキックです。

ボールの横に軸足を置いて、コンパクトなスイングになります

つま先をボールの下に滑り込ませるようにまっすぐに足を入れます

つま先のスナップを利かせて、ボールをすくい上げるようにちょこんと浮かせます

パスの基本　CHAPTER 1 10

山なりに浮かせるチップキック

ボールを乗せた状態からすくい上げて、ボールを押し出すように蹴ります

つま先をボールの下へ滑り込ませて、ボールを足に乗せる形になります

助走はワンステップ、DFに読まれないようにコンパクトにモーションへ入ります

足の甲に乗せて持ち上げる

チップキックのロングボールは、一見パスコースがないような状況でもDFの頭を越すボールでディフェンスラインの裏に落とすことで、局面を打開できるキックです。

ただ、チップキックは滞空時間が長い山なりのボールになるので、パスを成功させるにはDFの予測の裏をかかなくてはいけません。読まれてしまうと、戻って対応するだけの時間があるのでパスを通すのが難しくなります。

DFを一度食いつかせてから出したり、他のコースへ出すふりをするなど、DFがチップキックに反応できないような工夫が必要です。難しいパスですが、そのぶん成功すればチャンスになります。

自分の目の前にDFがいて、その裏のスペースに味方が走り込む時に浮き球のパスを出す時に使う。

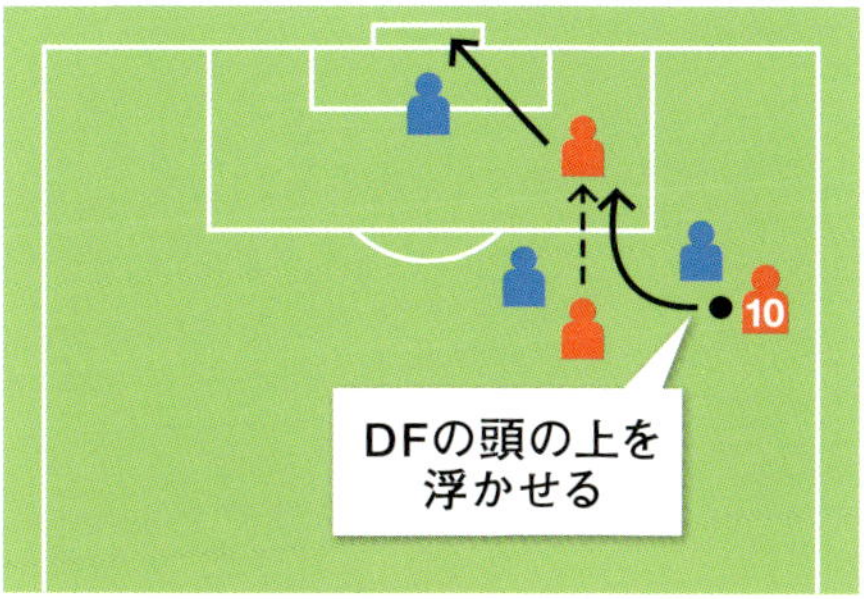

キック後の蹴り足もボールを持ち上げたような形になります

Kashiwagi Point

足の甲に乗せて放り投げるイメージ

チップキックの短いパスではつま先でスッとボールをすくい上げるような形でしたが、長いボールを蹴る場合は、足の甲にボールを乗せて、そこからボールを放り投げるようなイメージで上空に蹴ります。足首のスナップを利かせて蹴るのがうまく蹴るコツです。

COLUMN

柏木陽介にまつわるキーワード

ノールックパス

柏木陽介の代名詞といえば、パスを出す先を見ずに蹴る「ノールックパス」だ。柏木は試合中は常に首を振り続け、まるでピッチを俯瞰しているように味方と敵の位置を把握し、最適なパスコースを探し続けている。

柏木がボールを持った瞬間、FW陣はパスが出てくることを信じてスペースに走り出す。そこへ吸い寄せられるようなパスを柏木はあえてノールックで出す。出し手と受け手のイメージがシンクロした時、スタジアムには歓喜の瞬間が訪れる。

CHAPTER 2

コントロールの基本

どんなボールでも確実にコントロールできる技術があれば、
プレーの選択肢は大きく広がる。
ボールの種類、相手の距離や状態に合わせて、
コントロールの引き出しを持っておこう。

BALL
CONTROL

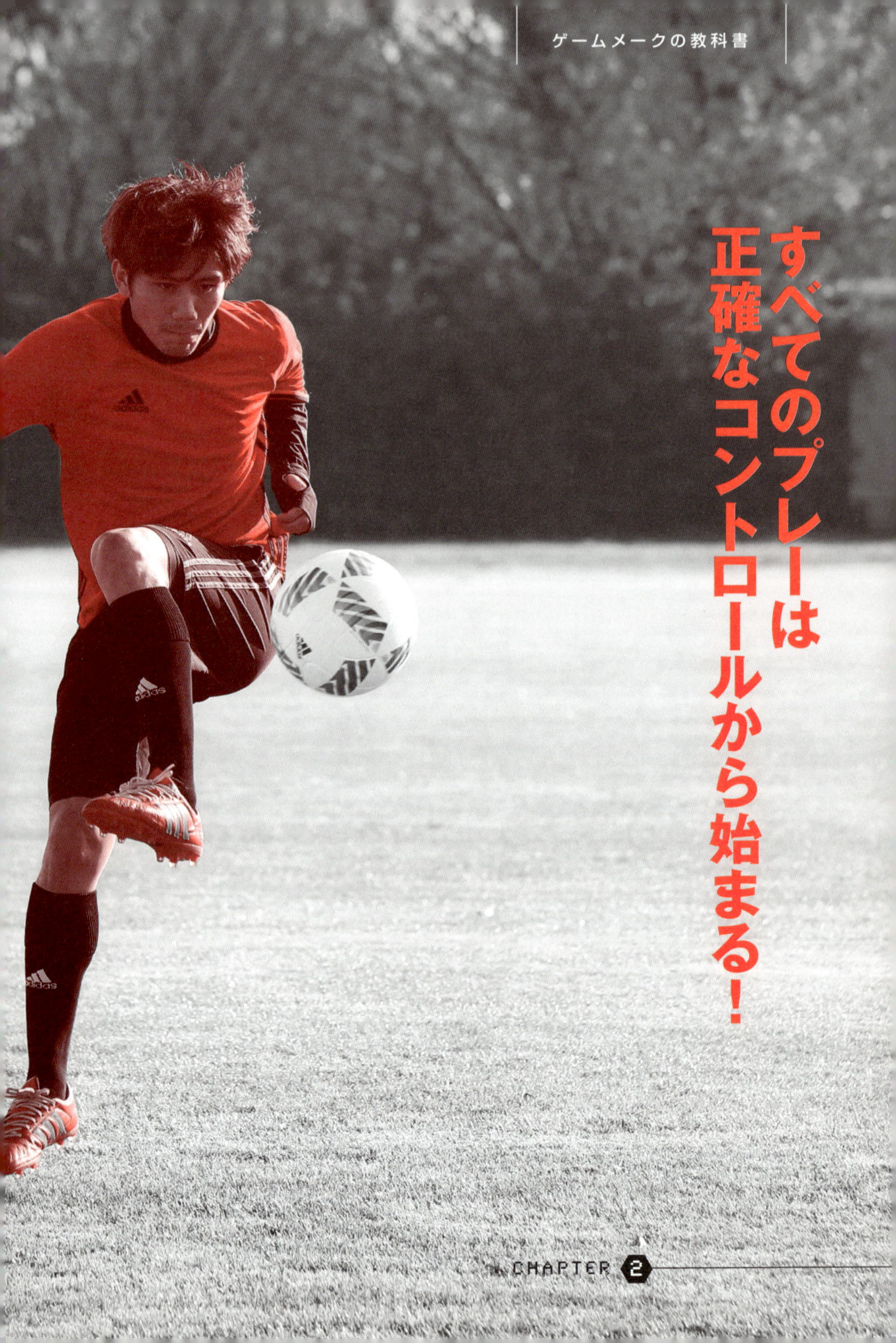

すべてのプレーは正確なコントロールから始まる！

CHAPTER 2

パスと同じくらいサッカーにおいて大事なテクニックはボールをコントロールすること。パス1つとってもズレてしまったり、ボールが浮いてしまったり、イレギュラーなボールが飛んでくることは珍しくありません。また、DFはそうした難しいパスのトラップミスを狙って、ボールを奪いにきます。

そういうプレッシャーを受けながらでもボールを正確に止めることができなければ、相手にボールを奪われることになります。自分がボールを持ってプレーを開始するためには、まずはボールを正確にコントロールするところからが始まりです。

ただ、コントロールと言ってもプロの選手でもよくミスをしてしまうほど難しい技術です。プレッシャーを受けながらでも、正確にコントロールするためには、正しい止め方を覚えるのはもちろん、どのスペースを使うか、あるいはどんな意図を持って止めるべきかなど、止めるためのテクニックも覚える必要があります。

この章ではベーシックなコントロールはもちろん、DFの寄せ方のシチュエーションによって、どんなことを意識すれば、より良い状態でコントロールできるかを解説しています。

優れたコントロールを身につけて、自分が攻撃の起点となれるようにしましょう。

コントロールの基本 CHAPTER 2 1

相手が遠い時は顔を上げてコントロール

広い視野を確保して周りの状況をより把握する

ボールのコントロールは状況によって方法が異なるものです。パスを受ける回数が多い中盤は、その状況を見極めて、正しくコントロールできる能力が必要になります。

パスを受ける時に相手との距離が遠ければ、プレッシャーをあまり感じずに余裕を持ってコントロールできます。そうした場合は、上体を立ててしっかりと顔を上げながらコントロールしましょう。

そうすることで広い視野を確保できるので周りの状況をより把握しながらコントロールができます。また、こちらが余裕を持ってコントロールしていることがわかると、DFは簡単には近づくことができなくなります。

プレッシャーを受けていない状況でパスを受けます。上体を立てて視線を上げながら、左足ですぐにパスが出せる位置に置きます

Kashiwagi Point

どの距離ならば余裕があるのかを覚える

どれくらいの距離ならば余裕を持ってコントロールできるのかを把握する必要があります。その感覚をまず練習で覚えましょう。また、遠くから相手が寄せてきている場合、その相手を視野に捉えながらコントロールすることで、より余裕を持ってプレーできます。

コントロールの基本　CHAPTER 2 2

相手が寄せてきたらトラップでいなす

3

ボールが足の下に入り、DFは正対してこちらの様子を見て構えています

4

少しボールを流し、DFに左へ行くように見せかけて……

5

左足のインサイドで右方向に切り返します

6

DFは重心の逆を突かれて、ボールに反応できません

流すと見せかけて逆を突くトラップ

相手はボールが動いている間やトラップ際を狙ってプレッシャーをかけてくるものです。そうすることでコントロールが乱れ、ボールを奪える可能性が高くなります。そんな中でもゲームメーカーはボールを正確にコントロールして、失うことなく次のプレーにつなげる必要があります。

むしろ相手が寄せて来ているのを逆手にとって、一発のコントロールで相手をかわすことができれば、形勢は逆転して攻撃を一気に前へ進めることもできます。

例えばトラップ位置を奥に少し流してDFを動かし、トラップで逆を突くようにコントロールすることでDFを置き去りにできます。

1

横パスに対して、DFがプレッシャーをかけにきています

2

DFはトラップ際を予測して、どこでとりに行くかを見ている状態です

7

DFと入れ替わり、完全に置き去りにした状態になります

Kashiwagi Point

相手が釣られているかを見極めてコントロールする

ボールを触る位置で相手を動かす意識が大切になります。相手が釣られていないのに逆をとろうとコントロールしても、ついてこられてしまい、ボールを失ってしまうこともあります。相手の様子をしっかりと見ながら、次にコントロールする位置を判断しましょう。

コントロールの基本

CHAPTER 2 3

スペースに流してトラップで押し出す

相手が手前に釣られたところで、身体を左方向に開きます

ボールをそのまま流し、相手から遠い位置でトラップします

相手は手前に置き去りにされ、入れ替わるようにかわしていきます

Kashiwagi *Point*

右足の踏み込みで相手を手前に釣る

このコントロールは相手にどれだけ手前で触ると思わせるかがポイントになります。パスを受ける時、ボールをタッチする直前で手前に右足を踏み込むことで、相手は手前に釣られます。勢いよく寄せているので、止まることができず、そのままかわすことができます。

手前に相手を釣りボールを流してかわす

DFがトラップ際を狙って素早く寄せてきた時は、相手の読みを逆手にとったコントロールで入れ替わるようにかわすことができます。

相手の寄せが早く、ボールを触るか、触った直後くらいにつぶすイメージできた場合、うかつにトラップしてしまうと相手の思い通りに潰されてしまうことがあります。

そういう場合は、ボールを触る前のアクションで相手を動かすか、あるいは相手に誤った判断をさせる必要があります。例えばこのコントロールのように、相手に手前で触ると思わせてボールを流し、入れ替わるようにして逆側へトラップできればDFを置き去りにできます。

1

横パスを受ける前に相手がかなり寄せて来ている状態です

2

横パスに対して迎えに行き、手前で受けるようなアクションをします

コントロールの基本

CHAPTER 2 4

プレッシャーから逃げる安全なコントロール

横パスが入った瞬間に相手が背後から寄せている状態です

コントロールする瞬間にDFがどう寄せてくるか様子を見ます

相手が寄せきれない逃げるコントロール

中盤の中央にいるボランチやトップ下の場合、３６０度どこからも相手からプレッシャーを受ける可能性があります。時には正面からだけでなく、背後から相手が来ていることもあります。そんな時でもボランチやトップ下は確実にコントロールできる必要があります。

相手が背後から来ていて正面を向く余裕がない時は、とにかく相手から遠い位置にボールをコントロールすることです。下手に前を向こうとしたり、相手に近い位置でコントロールすると、さらに寄せる隙を与えてしまうことになります。リスクが高いエリアでは、かわすよりも逃げるコントロールを意識しましょう。

3

DFから逃げるように遠い位置に止めることで、DFは寄せることができません

首を傾けて間接視野で相手をみながら遠くにコントロールしています。

Kashiwagi Point

相手の状況を把握しながらコントロール

前を向くのか、遠くにコントロールして逃げるのかは相手との距離感がわかっていなければ判断ができません。首を振ったり、間接視野で相手を捉えて様子を伺いながら遠くにコントロールするといいでしょう。状況によって振り向いたり、パスしたり、正しい判断ができます。

コントロールの基本　CHAPTER 2 5

ボールを軸に反転するコンパストラップ

タッチと同時に身体を45度反転し、
DFのほうへ向きます

DFと正対しながら、ボールを足元
でコントロールします

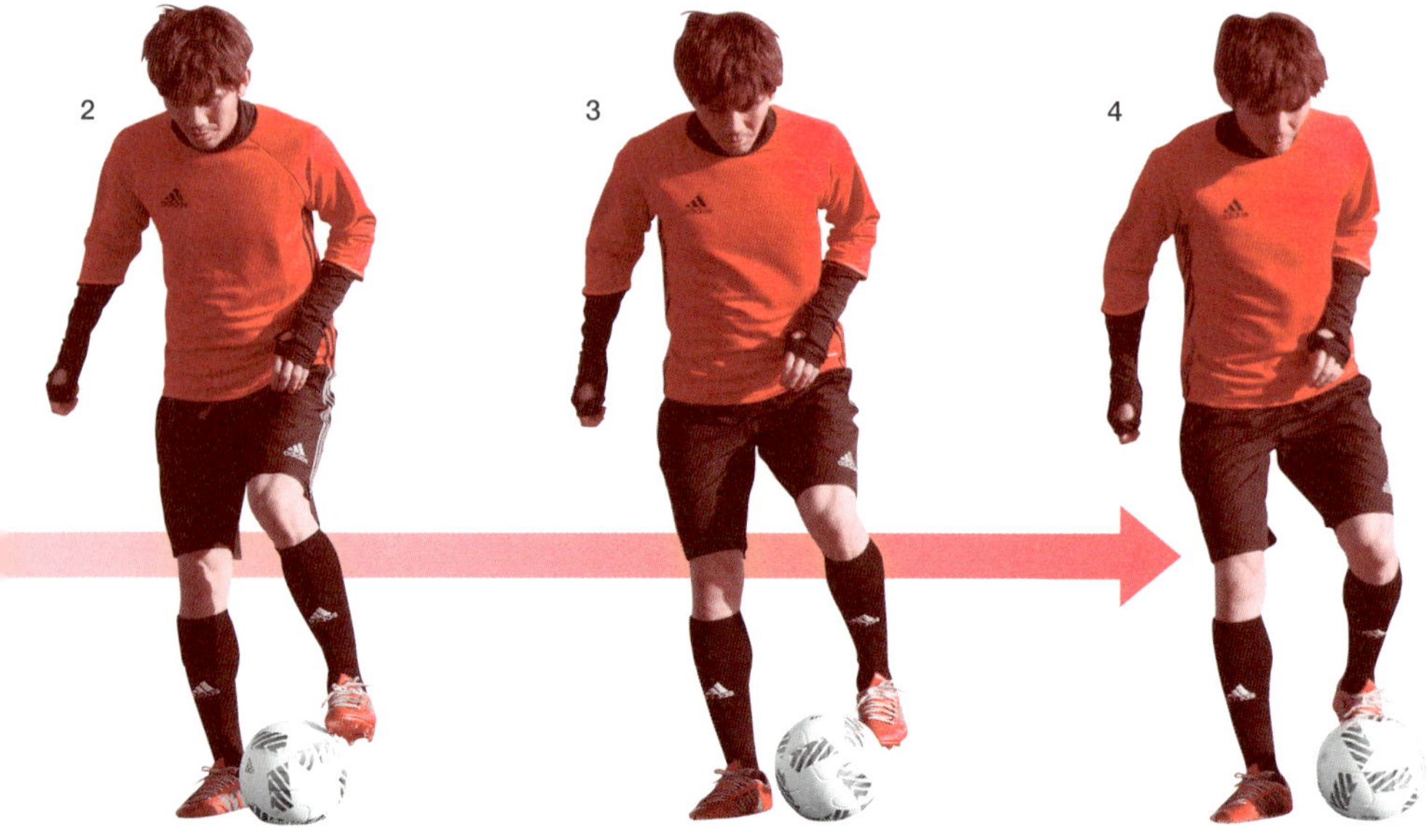

プレッシャーの中で素早くターンする

プレッシャーの激しい中盤では、時間とスペースが限られた中でプレーすることになります。そうした状況でもゲームメーカーは良い状態でボールをキープできなければ、攻撃をリードすることができません。

そんな時に使えるのが、コンパスのようにボールを軸に身体をターンさせながら足元でコントロールするトラップです。

このトラップはパスをインサイド、もしくは足裏を使って身体の内側に巻き込むようにコントロールします。ボールを軸に身体を反転させるので、ボールを持ち変えることなく、狭いエリアでも身体の向きを変えることができます。

1

パスを受けるタイミングで、DFが横から寄せてきています

2

ボールを左足の内側、または足裏で巻き込むようにタッチします

1

まずパスを左足裏の内側でコントロールします。それからボールを後ろ側に巻き込みながら、そこを軸に身体を左側へ反転していきます。身体を45度反転させ、DFと正対しながらボールを足元で止めます。

Kashiwagi Point

素早いターンで相手は寄せ切れない

コンパストラップは後ろから来たボールをコントロールする時、相手が寄せてきている場合に効果的です。トラップしてから素早く前を向くことができれば、寄せてきている相手も安易に寄せ切ることができません。止めると同時にターンできるように練習しましょう。

コントロールの基本　CHAPTER 2 6

コンパクトに反転できる90度反転トラップ

Kashiwagi Point

周りを見ることができる足裏ターン

このコントロールは、足裏でボールを常に触りながらターンをするので、足元を見なくても方向を変えられることがメリットです。顔をあげられるのでターンしながら周りを見ることができ、DFとの距離感だけでなく、周りのサポート状況も確認することができます。

体の真下でボールに乗り上げる

コンパストラップよりもさらにコンパクトに素早く反転できるのが球乗りトラップです。名前の通り、ボールに乗り上げて身体を向けたい方向に反転してコントロールするトラップです。

コンパストラップと違い、ボールに乗ってその場で回るので、より狭いスペースでのコントロールや真後ろからDFが寄せて来ている状況で使えるトラップになります。

特に真後ろからプレッシャーを受けている中で、一瞬で正面を向かれると、DFは思わず止まってしまいます。

さらに反転後は足裏でボールを手前に引けるので、DFと距離をつくりながらコントロールできます。

縦パスが入るタイミングで、DFが背後から寄せてきています

左の足裏でボールを止め、そのまま乗るように右足はジャンプします

ジャンプした勢いを利用して、左へ身体を反転していきます

DFと正対するところまで反転します

左足はボールに乗せたままコントロールし、DFは寄せ切れません

左足でさらに手前にボールを引き、相手との距離を取りながらキープします

コントロールの基本　CHAPTER 2 7

クッションのように
ボールの勢いを吸収する

高く上がった浮き球の落下地点に入ります

DFはトラップ際を狙えるように寄せてきます

DFはさらに距離を詰めて、トラップ際を狙っています

ピタリと足元にコントロールすることで、DFに寄せさせません

chapter 2

Kashiwagi Point

つま先に乗せてから引くようなイメージ

高く上がった浮き球を足元にピタリと止めるコントロールのコツは、ボールをつま先に乗せて引くようなイメージでやることです。タイミングがずれると、ボールが足に乗っていなかったり、勢いを吸収できずに大きく弾んでしまいます。乗せて引く感覚を覚えましょう。

ボールの勢いを吸収するために足を上げて

つま先にボールを乗せて少し下に引くように吸収します

ボールを足元に置くようにピタリとコントロール

高く上がった浮き球を足元にピタリと止める

浮き球の処理でもたついてしまうとDFに寄せる隙を与えることになり、ボールを奪われる可能性が高くなります。

　その浮き球のコントロールは、胸トラップやモモのトラップなど方法はいくつかありますが、理想は一発で足元にコントロールできることです。タッチ数が増えるほど、DFに寄せられやすくなります。

　胸の高さにライナー性で来たボールは難しいですが、高く上がったボールを足元にピタリと止められれば、DFが寄せるタイミングはなく、次のプレーにもスムーズにつなげることができます。

　ポイントは落下地点の見極めとボールの勢いを吸収する柔らかいタッチです。

コントロールの基本 CHAPTER 2 8

相手の寄せを下がりながらいなす

DFが目の前まで寄せてきている時は、バックステップを踏んで遠ざかるようにコントロールします

相手から遠い位置にボールを落とし、足元でキープします

Kashiwagi Point

相手の状況を見て止める場所を決める

ただ単に後ろにボールをコントロールするのではなく、相手の状況を視野に入れながらトラップしましょう。相手との距離感によって、どのあたりにボールを落とせばいいのかが決まります。相手に取られずに、なおかつコントロールしやすい場所にトラップできるようにしましょう。

DFが寄せてきたら 下がりながら後ろに止める

浮き球を足元にピタリと止めてコントロールするためには、DFとの距離がある程度離れている必要があります。DFが目の前にいるのに足元に止めてしまうと、つぶされてしまうリスクがあります。

浮き球のパスは滞空時間があるので、DFにも寄せるための時間があり、距離感には注意が必要です。

パスがくる間にDFが寄せてきた場合は、相手から逃げるようにコントロールする必要があります。例えば正面からDFがきているなら後ろに下がるようにトラップします。

相手との距離を保ちながら、確実にマイボールにするコントロールはマークの厳しい中盤では特に必要な能力です。

浮き球に合わせて、左足でボールを迎えに行きます

つま先にボールを乗せるようにして勢いを吸収します

バックステップで後ろに下がりながら、ボールを乗せたつま先を後ろに引くようにしてコントロールします

コントロールの基本 CHAPTER 2 9

バウンドするボールを逆足でピタッと止める

ルーズボールも確実に止めて攻撃の起点になる

試合中のパスはどれもグラウンダーの綺麗なボールが足元にくるわけではありません。クリアしたボールや、プレッシャーを受けた中で苦し紛れに出したボールはルーズボールになったり、バウンドしたりコントロールが難しいボールになってしまいます。

そういったボールでも、確実にコントロールして次の攻撃につなげることができれば、味方の助けになり、攻撃の起点にもなります。

ただ、コントロールの難しいボールはDFがつぶしにくいタイミングでもあります。

相手の位置を確認しながら確実にコントロールできる場所を見つけて、そのスペースにボールを止めましょう。

Kashiwagi Point

逆足でピタッとボールを止める

このシーンのようにDFとの距離が離れている場合は、利き足にこだわるのではなく、逆足でトラップしてみましょう。余裕を持ってコントロールできるのに、変に焦ってもたついてしまうと、DFに寄せ切る時間を与えてしまうことになります。

コントロールの基本　CHAPTER 2 10

アウトサイドで相手から逃げるトラップ

アウトサイドでDFから遠いスペースに流してコントロールします

DFから逃げるように完璧にコントロールできています

左のアウトサイドで面を作り、後ろへ引くように流します

正面の相手から遠いスペースにボールをコントロールできます

安全なスペースにボールを流す

バウンドしてコントロールが難しいボールをトラップする時は、DFはトラップミスを狙って思い切って寄せてくるものです。相手のプレッシャーはミスをする大きな要因の1つです。

　そんな激しいプレッシャーに対しても慌てることなく、正確にコントロールできなければ、ボールを奪われてカウンターのきっかけを与えてしまうことになります。

　このコントロールは、寄せてくるDFから逃げるように切り返してトラップします。アウトサイドでトラップすることで外側へコントロールが可能になり、DFと距離を取りながら安全なスペースに流すことができます。

バウンドしたパスが向かってきます

DFはトラップ際を狙っています

膝の高さのバウンドボールに対して、左足のアウトサイドで受けます

Kashiwagi Point

アウトサイドでボールを後ろへ流す

このコントロールはアウトサイドを使って、受け流すようにトラップします。アウトサイドであれば、身体の外側へボールを流せるので相手から逃げるように後ろや横へコントロールしやすくなります。

バウンドしたボールに対して、片足立ちになって構えます

コントロールの基本

CHAPTER 2 11

軸裏を通してDFと入れ替わる

左足の着地で重心を後ろから前へ移し、身体も左から右へ反転させます

右足でジャンプするような状態で、左足のインサイドでタッチします

左足のインサイドで右斜め前へコントロールします

相手の勢いを逆手に取って入れ替わる

バウンドボールのトラップ際にDFがかなり食いついてきた場合は、その相手の勢いを逆手にとったコントロールで入れ替わるように一気にかわすことができます。

左ページの写真くらい相手が食いついている時は、外側へ逃げるようなトラップをしても、ついてこれてしまう可能性があります。

前項ではアウトサイドを使いましたが、ここでは左のインサイドで軸足の裏を通し、斜め前へボールを流します。そうすることでDFと入れ替わるように前へコントロールができます。また、軸足の裏を通すとDFをブロックできるので、足を出されるリスクもありません。

Kashiwagi Point

タッチした左足の着地で重心を前に移動させる

このコントロールはボールタッチも大事ですが、重心の移動もポイントです。右足で片足立ちになる時では重心はやや後ろにかけ、左足でタッチした後、着地する際に重心を前へ移動させます。そうすることで、DFと入れ替わる時にスムーズに前へ進むことができます。

トラップ際に対してDFが勢いよく寄せてきています

片足立ちになり、ボールを内側に引き込むように構えます

DFも引き寄せるようにして、左のインサイドでタッチします

左のインサイドで軸足の裏を通し、ボールは右斜め前へ流します

突っ込み過ぎたDFと入れ替わるように前へコントロールしました

COLUMN

柏木陽介にまつわるキーワード

レフティ

名波浩、中村俊輔……日本サッカー界は創造力豊かなレフティを生み出してきた。柏木陽介は、その系譜を受け継ぐ国内随一のレフティだ。

柏木の左足から繰り出されるボールは、柔らかく、時に鋭く、受け手の足元にピタリと、まるでパズルのピースがはまるように届く。左足ならではの懐の深いボールキープ、クッションのようにボールの勢いを吸収するトラップ。柏木の左足は多くの人を魅了して止まない。

CHAPTER 3

ボールを受けるまでの準備

サッカーではボールを持っている時間より、
持っていない時間のほうがはるかに長い。
その時間の中で、どれだけ多くの情報を集め、
良い身体の向きをつくれるかが重要になる。

OFF THE BALL

CHAPTER 3

ボールを持っていない間の“準備”で勝負は決まる！

サッカーでは、自分がボールを持っている時間は非常に短く、ほとんどの間はボールを持っていない状態でプレーしています。

ボールがないからといって、ただ突っ立って見ているだけでは、いざボールがきた時に何も準備ができていない状態で、良いプレーはできません。ボールがない間にどれだけ良い準備ができているかが、ボールがきた時に良いプレーができるかへ直結していきます。

準備でまず大切なのが、周りの状況をよく把握することです。自分が次にどこでパスを受けるべきなのか、パスを受けたらどこへ展開するべきなのか、あるいは味方がドリブルしている間にどこへ走り込むべきなのか。

次のプレーを予測しながら準備をするためには、まず周りを見渡して味方と相手の位置、どこにスペースがあるかなど、あらゆる情報を把握する必要があります。

そしてもう1つ大切な準備が、ボールを受けるための準備です。ボールを受けるためには相手の視野から消えたり、離れたりして、自分の間合いをつくる必要があります。

味方がパスを出せるタイミングでマークを外し、フリーの状態をつくることは、ゲームメーカーにとってとても大切な準備です。

この章ではボールを受けるために常に意識しておくべきことに加えて、マークを外すための動き出しを解説していきます。

ボールを受けるまでの準備

CHAPTER 3 1

オフ・ザ・ボールは 6割のスピードで動く

試合の流れに乗る適度なスピード

試合の状況は刻一刻と変化し続けるものです。その変化に合わせて、自分のポジショニングも常に変え続けることになります。

例えば攻撃ではサポートに入る動きや、裏へ抜ける動きなど、自分がボールに関わることを意識したオフ・ザ・ボールの動きが求められます。

そういった動きは準備段階が大切です。常に先の状況を予測しながら6割のスピードで前もって動いておきましょう。10割のスピードではすぐに疲れてしまうし、3割では状況の変化についていけません。6割であれば、流れに合わせて動くことができ、スピードアップした時に緩急をつけることもできます。

ゲームメーカーはボールを持っていない時に、味方がどんな状況なのか、次にどこでパスを受けるのがよいのか、その後にどんなプレーをするのかを考えながら動くことが必要になります。トップスピードではなく、首を振って周りを見るぐらいの余裕がある6割ぐらいのスピードで動きましょう。

Kashiwagi Point

6割のスピードのほうがミスをしにくい

トップスピードで走らない理由は、6割のスピードで走ったほうがコントロールミスをしにくいからです。周りを確認しながらプレーするためにも6割のスピードで移動しましょう。

ボールを受けるまでの準備

CHAPTER 3 2

パスを受ける前に首を振って逆サイドを見る

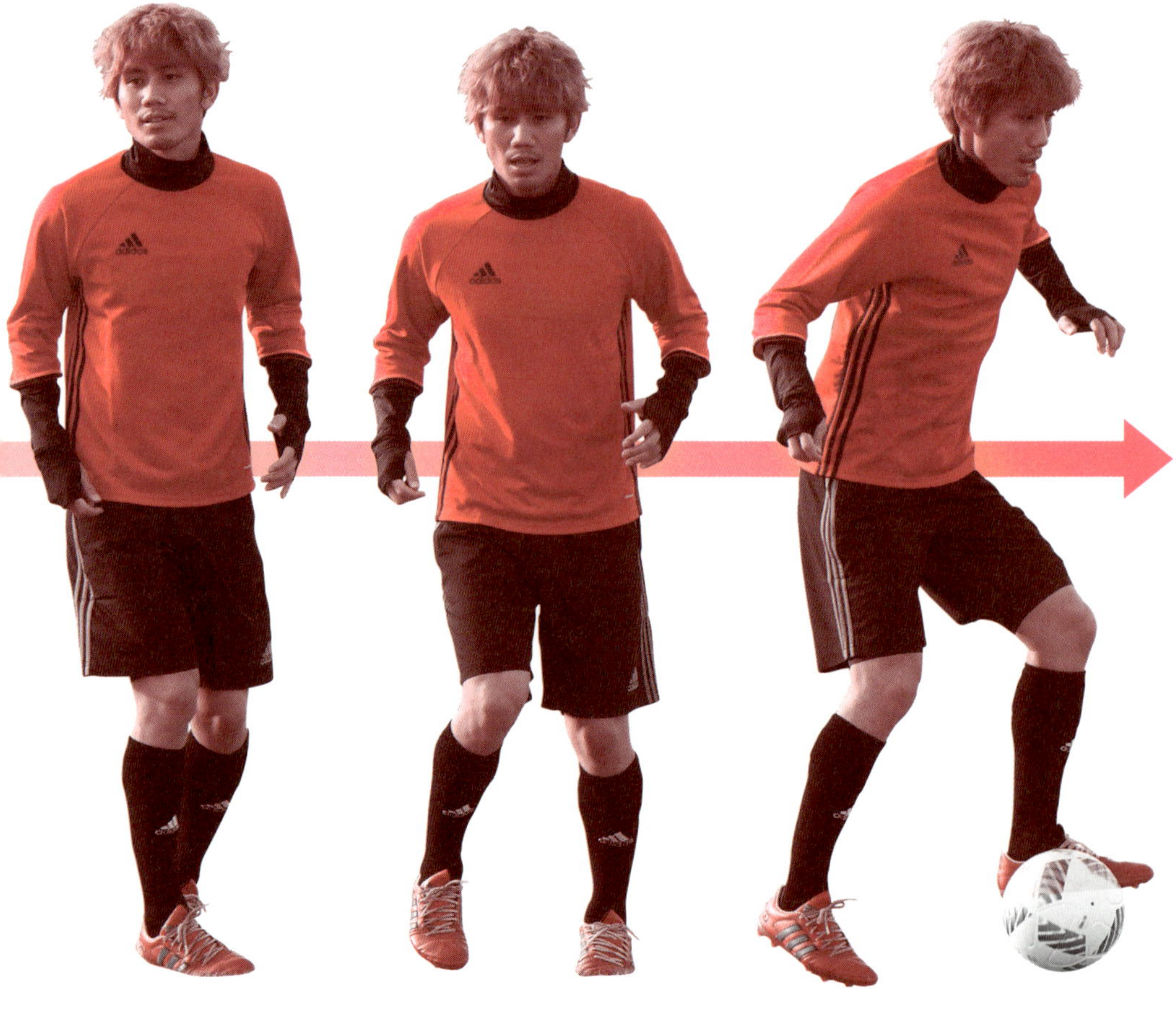

フリーの状態なことがわかったので、パスを要求します

パスがきたらボールを見てコントロールに集中します

あらかじめ確認しておいたスペースのほうへコントロールします

正しい判断をするために周りの状況を確認する

サッカーの試合で何より大切なのが状況判断です。試合の流れが目まぐるしく変化していく中で、どれだけ良いプレーを選択できるかが、その選手の戦術理解度となります。

そうした中で良い判断をするためには、まず周りの状況を正確に把握する必要があり、周りの状況がどうなっているかで、次に自分が選択するべきプレーが決まります。

まずは周りをよく見ることです。特にボランチやトップ下など、中盤の中央では把握するべき範囲がかなり広く逆サイドまで見ておく必要があります。

しっかりと首を振って、常に周りの状況を把握する癖をつけましょう。

10
ボールをもらう前に
首を振って周りを見る

首を振って周りの状況を確認しています

Kashiwagi Point

ボールがくる前に首を振っておく

首を振って周りの状況を確認するのは、ボールがくる前でなければいけません。ボールがきてから周りを確認していては、相手にすぐに寄せられてしまいます。事前に確認して、コントロールしてからどのようなプレーをすべきかイメージしておきましょう。

ボールを受けるまでの準備

CHAPTER 3 3

背後にいるマークを首を振って牽制する

背後のマークと スペースを常に確認

中盤の中央でプレーするボランチやトップ下は、360度どこからでもプレッシャーを受ける可能性があります。そこで大切なのが、常に首を振って周りの状況を把握しておくことです。

特に注意しなければいけないのが背後のマークです。ボランチやトップ下は味方のDFから縦パスをもらう機会が多く、相手を背負いながらパスを受けるというシチュエーションがどうしても増えます。

背後のマークの状況やその周りのスペースによって下りてきてパスをもらうべきなのか、その場で足元に要求するべきなのか、あるいはサイドに流れてもらうべきなのかなど、動き方が変わります。

chapter 3

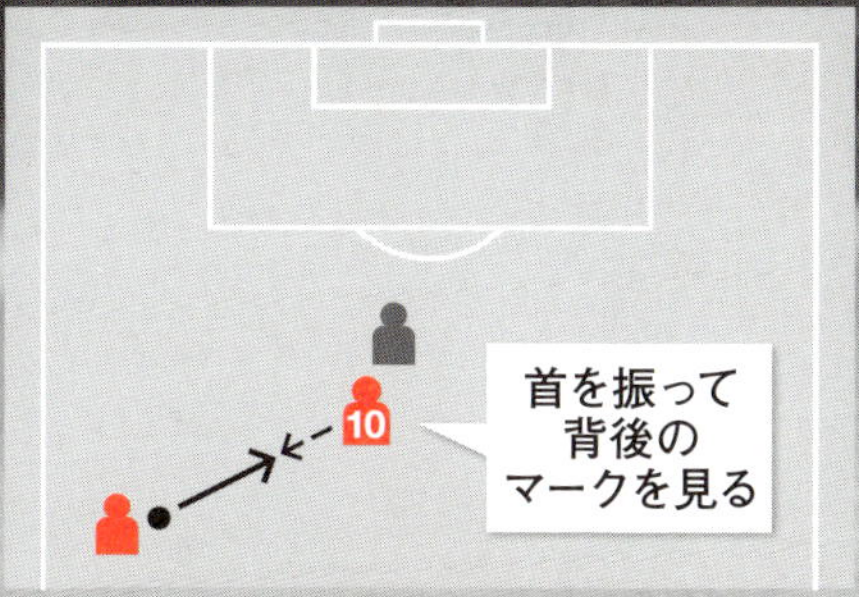

Kashiwagi Point

パスをもらう前に見て相手を牽制しておく

背後にマークがついている場合、ボールをもらう前に一度後ろを見て牽制しておくことで、相手はうかつに詰めることができなくなります。背後の相手を見ないでパスを受けてしまうと、相手はトラップの瞬間を狙って思い切り寄せることができます。

ボールを受けるまでの準備

CHAPTER 3 4

“ゼロ”の状態から一気にスピードを上げる

ゆったり歩いて、ほぼ止まっている状況をつくります。味方がボールをキープしてパスが出せる状況になった瞬間に、急発進するように動き出してパスをもらいに行きます。急に動かれたことで、DFは数歩分遅れることになります。一瞬フリーになったことでパスを受けるタイミングが生まれ、受け手も余裕を持ってコントロールできます。

自分が止まることで DFの足も止める

パスを受けるための動きで、常に動き回っていることが良いとは限りません。動き続けることでDFを引きつけてしまうことや、自分や味方が使いたいスペースをつぶしてしまうこともあります。

時にはあえてあまり動かずにいることも、次の場面でフリーでボールをもらうための有効なオフ・ザ・ボールの動きになります。あまり動かないことで、マークについているDFも足を止めることになります。

この状態では次にいつ相手が動き出すのか、マーカーは予測しづらい状況になります。そこで急にパスをもらいに動き出せば、DFは一瞬でもマークを外されてしまいます。

Kashiwagi Point

トップスピードの後はもう一度ゼロに戻す

この動きの大事なポイントは、ゼロの状態から急発進して相手を置き去りにした後にスピードを緩めて、ボールをコントロールしやすい状態をつくることです。トップスピードに乗ったままパスを受けてしまうと、コントロールが難しくなり、トラップミスにつながってしまいます。

ボールを受けるまでの準備　CHAPTER 3 5

自分からボールを迎えに行く

相手にマークにつかれてかなり距離が近い状態です

右足でステップを踏んで、反対に動き出します

動いた瞬間に味方へ視線を送って、もらう意思を伝えます

パスは待つのではなくもらいに行く

パスを受ける動作の基本と言えばパスを待たないということです。パスを受けるのにその場に止まってもらおうとするのではなく、基本はボールを迎えに行きましょう。

ボールを待っていると、パスが通るまでに時間がかかってしまうだけでなく、インターセプトを狙われた時に反応ができなくなってしまいます。

しっかりとボールを迎えにいく動きがあれば、常に相手よりもボールに対して先手をとりながら動いていることになります。

また迎えに行くアクションがあるだけで、パスの出し手に対しても、パスを受けるタイミングをわかりやすく伝えることができます。

ボールをもらいにパサーへ向かって走ります

相手よりも先手で動き出したので、マークも外すことができています

Kashiwagi Point

動きやもらうコースに変化をつける

ただ単にボールを迎えに行くだけでなく、変化をつけるとより相手の先手をとってもらうことができます。例えば動きに緩急をつけることでDFを置き去りにできたり、まっすぐもらいに行くのではなく、スペースに呼び込むように動き出すことも必要です。

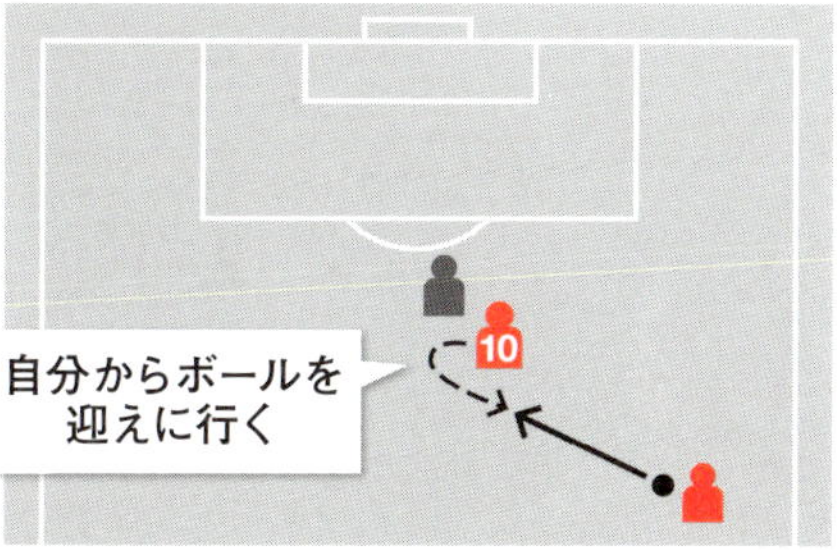

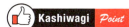

ボールを受けるまでの準備　CHAPTER 3 6

相手から離れて“自分の間合い”をつくる

味方がボールをキープした時に自分にはマークがついている状態

味方とマーカーを同時に見ながら、距離をとれるタイミングをうかがいます

マーカーの視線が切れた瞬間にバックステップを踏みます

パスを受けるためのマークを外す動き

攻撃の中心を担うゲームメーカーは、相手から特に警戒されるため、常にタイトにマークされるものです。

相手のゴールに近いエリアになるほど、そのマークはより厳しく、パスをもらうスペースもない状況でプレーしなければなりません。

そんな状況でもパスを受けてアシストやシュートなど、決定的な仕事を求められるのがゲームメーカーです。

そこで大事になってくるのが「相手から距離をとる」動きです。近い距離でマークされたままではパスを受けられないので、パスをもらう直前にマーカーから距離を取って一瞬でもフリーになる必要があります。

目を離した一瞬の隙にマーカーとの距離が十分に空きました

フリーになったところへ味方からパスが通ります

Kashiwagi Point

常にマークを外す必要はない

マークを外してフリーになることは大切ですが、常にマークを外し続けるのは難しいでしょう。常に外すのではなく、味方がパスを出せるタイミングで外す動きをすることがポイント。それまではマークをつかせてフリーになるためのスペースを空けておきましょう。

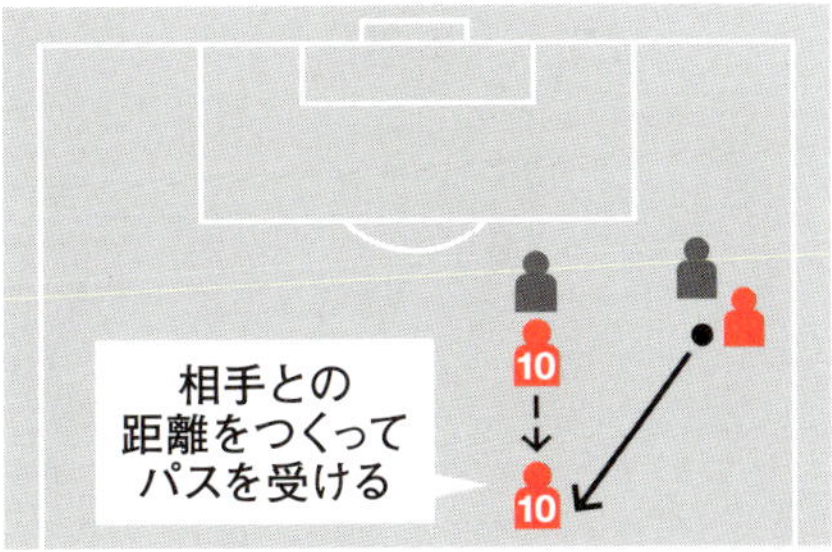

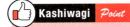

ボールを受けるまでの準備　CHAPTER 3 7

ボールと相手を見るため“半身の状態”をつくる

半身の状態ができ、味方からのパスも受けられる状態です
パスを受ける前に一度首を振って相手の状況を確認しておきます
事前に状況がわかっているので、余裕を持ってコントロールできます
もう一度味方を見てパスをもらいます

Kashiwagi Point

下がりながらでも周りをよく見ておく

下がりながらパスを受ける時でも常に周りの状況を確認するために首を振る必要があります。特に相手に背を向けた状態からのスタートなので、状況確認はより慎重に行なう必要があります。ただ、半身の状態ができていれば、背を向けて受けるよりもプレーの選択肢を多く持てます。

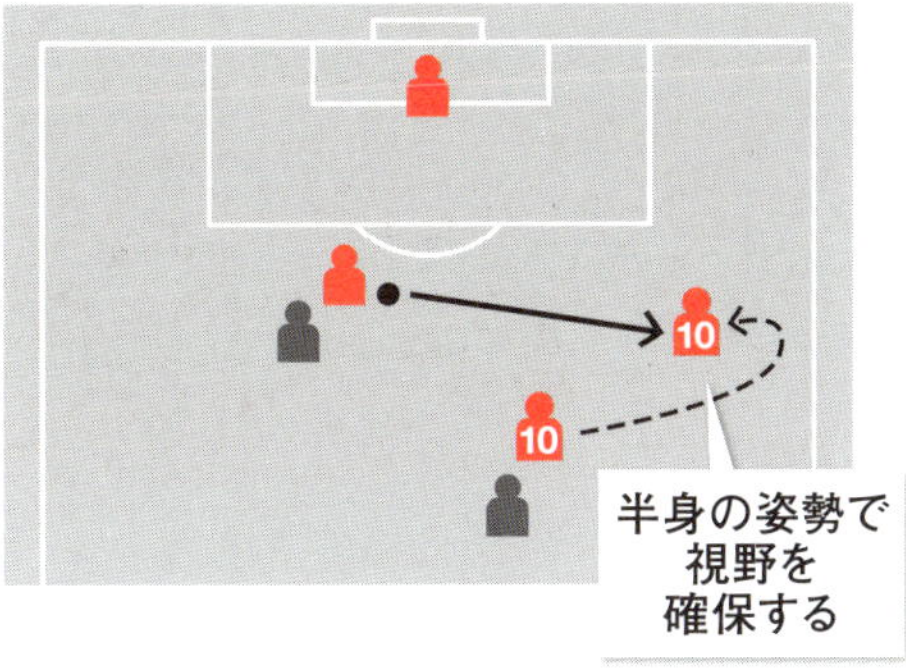

相手に背を向けた状態で下がってパスを受けに行きます

身体を右に反転させながら、サイドステップでさらに下がります

前を向かれると相手は寄せづらい

下がってボールをもらう時など、相手に背を向けた状態からパスをもらう場合は、受ける前に半身の状態をつくることが重要です。

相手に背を向けたままパスを受けてしまうと、相手に思い切り寄せられてしまいます。

逆に下がりながら身体を反転させて半身の状態をつくることによって、ボールを見つつ、相手の状況を視野に入れることができるので、相手も思い切って寄せることができません。

また、後ろ向きではパスを出せるところも非常に限られてしまいます。良い状態でパスを受けるためには、こうした細かい身体の向きを意識する必要があります。

ボールを受けるまでの準備　CHAPTER 3 8

足を動かして
イレギュラーに備える

パスを受ける前に左右に細かなステップを踏んでいます。
ボールが身体のやや外側にきても、右足のインサイドで
軸裏を通し、簡単に左足側にコントロールしています。

chapter 3

ステップを踏むことで対応がしやすくなる

試合中のパスはどれも足元に綺麗に入るわけではありません。左右にズレてしまったり、浮き球できたり、バウンドしたボールになってしまうこともあります。

そうしたイレギュラーなボールに対しても確実にコントロールする必要があります。そのためには、事前の準備が大切になります。その1つがパスを受ける前にステップを踏んでおくことです。

小さくステップを踏みながらパスを受けることで、動きの細かな修正ができるようになり、パスがズレても瞬時に身体を運ぶことができます。これが棒立ちの状態では、すぐには反応ができず、パスを拾えないこともあります。

Kashiwagi Point

パスを受けるまで止まらないこと

足元でステップを踏む時は、大きく踏む必要はありません。小さく、軽く踏む程度で十分。大切なのはパスを受けるまで止まらないことです。首を振る動作と同じで、パスを受ける前にステップを踏んで準備することは、練習で繰り返して、癖をつけておきましょう。

ボールを受けるまでの準備

CHAPTER 3 9

相手が嫌がる
中途半端なポジションをとる

Kashiwagi *Point*

マークにつかまらない間のスペースを見つける

マークにつかまらない間のスペースを常に探すことがポイントです。パスをもらうためには走り回ればいいというわけではありません。それよりも大切なのは周りの状況をよく見て、どこにスペースがあり、間で浮く場所を常に見つけられるようにすることです。

間のスペースを探して常にパスをもらえる意識

パスを受けるために相手2人の選手の間で浮くようなポジションをとるというのは、相手はどちらが寄せるべきか判断に迷うため、非常に嫌なポジショニングと言えます。

また、2人の選手は同じポジションにいるわけにはいかないので、選手同士の間というのはどうしてもスペースができてしまいがちです。

相手の選手同士の間を意識してポジショニングをとることで、どうしてもできてしまうスペースと、どちらが寄せるべきか判断に迷っている時間を生かし、フリーでパスを受けることができます。

中盤や前線の選手は常に間のスペースを探し、パスを受けられる意識が必要です。

ボールをもらう前の準備

CHAPTER 3 10

味方のいるコースに入って ポジションをかぶせる

DFを混乱させる かぶるポジショニング

バイタルエリアでパスを受けに行く時、受ける前のポジショニングに1つ工夫を加えるという、味方とのコンビネーションで相手の守備を崩すことができます。

それは味方とのポジションをかぶせることです。

自分より奥にいる味方へのパスコースに自分があえて入る形でパスを受けにいくことで、パスが出た時にスルーをして奥の味方にパスを通し、次の場面で落としをもらうことができます。

また、スルーをせずにそのままパスを受けてパサーに戻すか、縦に持ち出すこともできます。DFは複数の状況を予測して寄せることになり、対応が難しくなります。

Kashiwagi Point

ボールに寄りながら コースをまたぐ

パスコースにかぶってもらいに行く時、ただ単にコースをまたぎに行くのではなく、ボールに寄っていくような動きを加えることで、マーカーはより食いついてしまいます。そうなるとより次のアクションに対して、対応が難しくなります。

COLUMN

柏木陽介にまつわるキーワード

走るファンタジスタ

柏木陽介はとにかくよく走る。一般的なファンタジスタのイメージといえば、ボールを巧みに操り、涼しい顔をしている姿かもしれない。しかし、柏木はピッチの誰よりも汗をかき、泥臭く走り回る。

トップ下あるいはボランチというポジションで、ピッチを幅広くカバーし、あらゆる局面に顔を出して、ボールを受け取る。そして、ボールを持ったその時、ファンタジスタは輝きを増し、決定的な仕事でスタジアムを沸かせる。

CHAPTER 4

パスを出した後の動き

ゲームメーカーの仕事はパスを出したところで終わりではない。
相手の視野から外れる動き、フリーでボールをもらう動き、
味方のスペースをつくる動き…… 動きの技術を紹介する。

PASS & MOVE

CHAPTER 4

パスを出した後の動きの質を高めよう！

「パス&ゴー」という言葉があるように、サッカーではパスをした後の動きの質はとても重要なものです。ゲームメーカーは積極的にパスを受けて、そこから連続して関わることでチームの攻撃を組み立てていきます。パスを出しただけで仕事が終わりなわけではありません。

パスを出した後に止まったままだと、次のプレーには関われません。それでは試合から消えてしまうのと同じようなもので、優れたゲームメーカーとは言えないでしょう。

ゲームメーカーはパスをした後のプレーをイメージして、その1手、2手先を予測しながら、自分がどこに動くべきかを考えることが必要です。例えばパスをしてから相手の背中をとるように動き出し、さらに前へ侵入してボールを受けたり、あるいはパスを出して動くことで味方にスペースをつくり、次の展開に優位な状況にすることができます。

このようにパス後のプレーで質の良い動きをするためには、3章でも解説した周りの状況をよく把握しておくことが大切です。パスを出す前に次に自分がどう動くかをイメージしておく必要があるからです。出してから考えていては次の展開についていけず、相手の脅威にはなれません。

パス後の動き出しの質を上げることで、より多くの攻撃に関われるようにしましょう。

パスを出した後の動き

CHAPTER 4 1

スピードと方向の変化で DFの“背中”をとる

DFの視線から消えるように、背中側を通って縦に走り出します

ボールを目で追っているDFの視界から消えてスペースでリターンをもらいます

Kashiwagi Point

ボールウォッチャーの瞬間が動き出しのチャンス

相手の背中をとる動き出しのポイントは、相手がボールウォッチャーになった瞬間が動き出すチャンスだということです。相手がボールウォッチャーになった瞬間を見逃さないためには、相手の視線の動きをこちらもよく観察している必要があります。

DFの視界から消えるための動き

中盤でボールを持っている時、味方とのパス交換はタメをつくったり、ボールを前に運びながら自分も前線へ駆け上がるための有効な手段です。

パス交換はリターンをもらうための動きが大切です。基本的にフリーでなければボールは返ってきません。マークがついているなら相手の背中を取ることを意識しましょう。

相手は常にボールとマークする選手を同時に見ようとします。その相手の背中側を回って動くことで、ボールを見ている相手の視界から消えることができます。見失った相手はついていくことができません。マークを外す時は背中をとって視界から消えることを意識しましょう。

1

中盤でボールを持ち、右にいる味方にパスを出すところです

2

パスを出した瞬間、DFはボールの行き先とマークを両方見ています

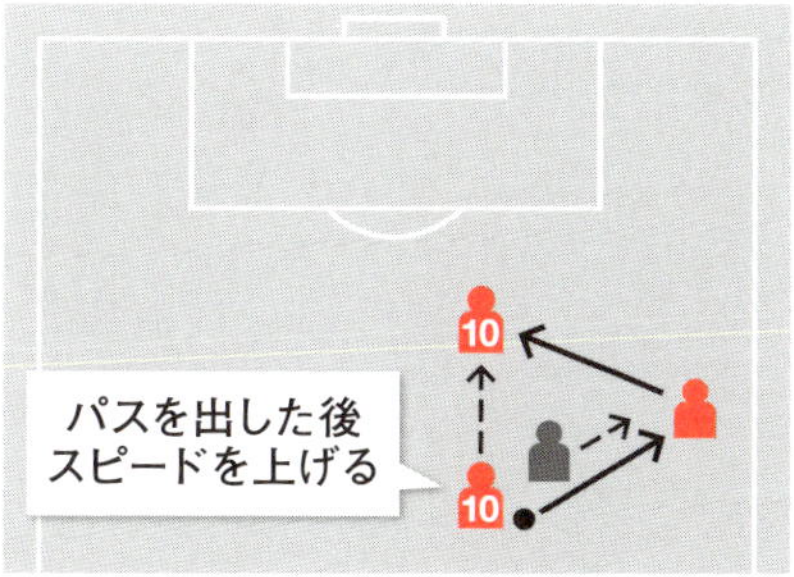

パスを出した後の動き

CHAPTER 4 2

フェイクの動きで ディフェンスをだます

逆へのステップで 一瞬のフリーをつくる

味方とのパス交換時、自分のマークを外すために相手の背中をとろうと思っても、相手がボールよりも自分のほうを視野に入れている場合、背中をとるのは難しくなります。

ただ、こうした場合は相手がこちらの動きに反応しやすい状況とも言えます。フリーになるためには、その状況を逆手にとって動きましょう。

例えば縦にパスを出した場合、次にもらいたい方向とは逆に一度ステップを踏んでスペースに走ります。

相手は釣られて一瞬ステップを踏んだ方向に重心が動いてしまいます。その一瞬の時間ができたことで、フリーでリターンを受けることができます。

Kashiwagi *Point*

釣り出しのステップは大きなアクションで

パスを出した後に逆方向へ一度ステップを踏んで、相手を逆側に釣り出すためには動きが小さくならないことを意識しましょう。ステップの動きが小さいと、相手にフェイントが伝わりづらくなります。アクションを大きく派手にすることで、相手も思わず反応してしまいます。

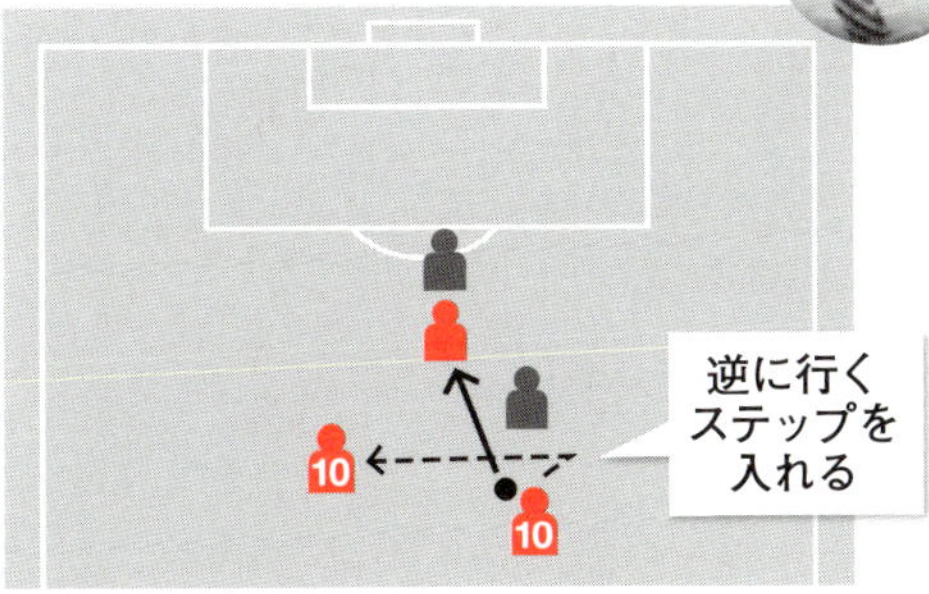

縦パスを出した後、自分をマークしているDFが首を振ってボールの行方を追った瞬間がマークを外すチャンス。DFは自分の背後にいる選手とボールを同時に見ることができないので、フェイントに引っかかりやすくなります。一瞬の動きでマークを外して、フリーの状態でリターンパスを受けましょう。

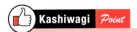

パスを出した後の動き　CHAPTER 4 3

パスを出した後
あえて“止まる”

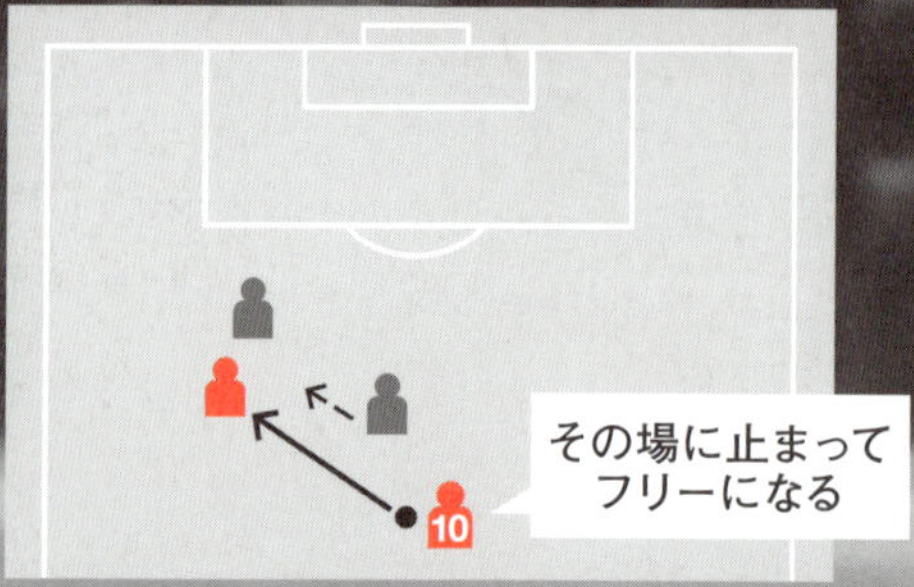

止まることが裏をかく場合もある

パスを出した後、次のリターンをもらうための動き出しは紹介してきましたが、出した後にあえて動かないという選択肢もあります。

相手DFもパスを出した相手が次にどこへ動くのかは意識をしているものです。またパスを出して、動いたボールに釣られて動くDFもいます。そういう相手の動きや心理を利用して、パスを出した後にその場に止まることが、相手の裏をかく場合もあります。

例えばクサビのパスをFWにつけた時、自分についていたマーカーが予測してボールサイドに寄っていく動きをした場合、自分も一緒に前へ行くのではなく、その場に止まるほうがフリーになれます。

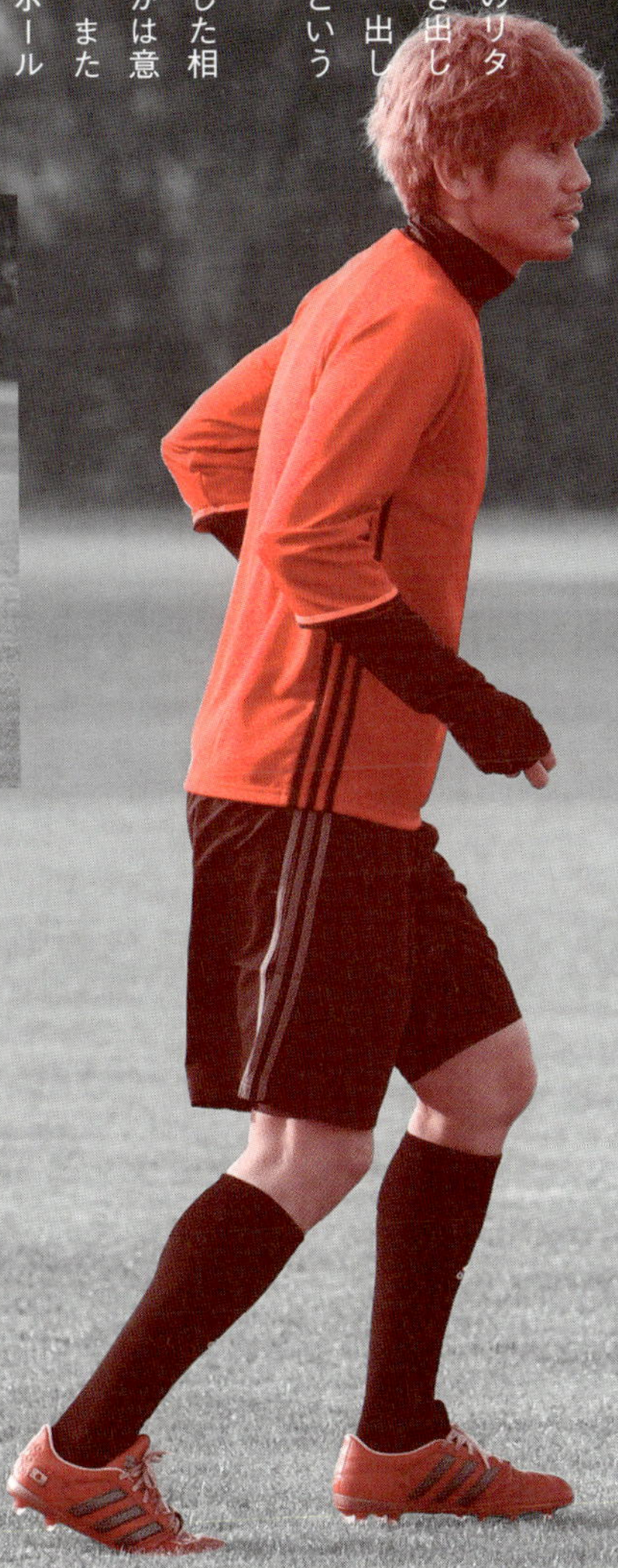

Kashiwagi Point

出した後はすぐに次のプレーの準備

FWへのクサビのパスに自分のマークもつられて、ボールホルダーに寄って行った場合、ボールホルダーに対してDFが2人寄せている状態なります。囲まれたFWがダイレクトで落としてきても良いように、次のプレーの準備をすぐにしておくことが大切です。

パスを出した後の動き

CHAPTER 4 4

密集地帯でフリーになるバックステップ

1

ボールをキープした時に後方からDF2人に寄せられています

2

囲まれる前に目の前の味方にパスを出します

5

2人のマークを振り切り、裏のスペースでフリーになります

6

そこへ味方からリターンのパスをもらいます

バックステップで狭いエリアでもフリーに

中盤で相手や味方が密集して狭いエリアとなった場合、ボールを持っていると相手に囲まれてしまうことがあります。そんな時は一度味方にボールを預け、DFの意識を味方に向けてフリーになり、もう一度ボールをもらい直すということもできます。

このプレーのようにマークが2人ついた状態で、目の前の味方にクサビを入れます。するとマークの2人はその味方のほうへ釣られ、視線もそちらに移ります。その瞬間にバックステップを踏み、後ろのスペースへ移動します。

そして味方からリターンをもらい、フリーの状態で前を向いて密集地帯から抜け出すことができます。

3

DF2人はボールを目で追っています

4

視線が味方に移った瞬間にバックステップを踏みます

Kashiwagi Point

バックステップで常にオンの状態

このポイントはバックステップを踏んでスペースへ移動することで、自分の視線が常にボールホルダーから切れないことです。視線が切れないので、いつでもパスがもらえる「オン」の状態でスペースへ移動でき、状況の変化にも対応しやすい状態がつくれます。

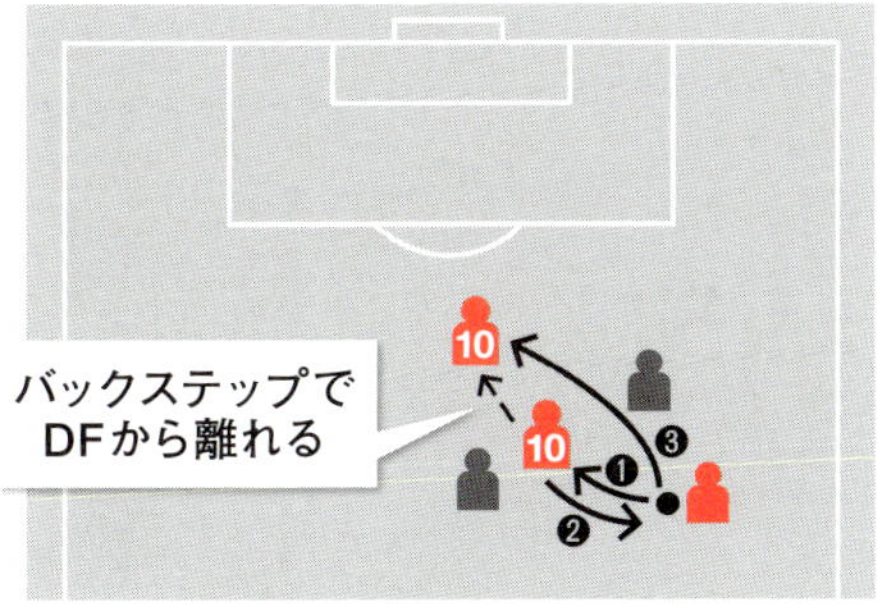

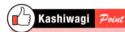

パスを出した後の動き

CHAPTER 4 5

オトリの動きで味方のスペースをつくる

オトリの動きでスペースを空ける

オフ・ザ・ボールの動きには自分がボールをもらうための動きと、味方がもらうための動きがあります。言い換えれば、「スペースでもらう動き」と「味方のスペースをつくる動き」となります。

スペースをつくるというのはその場所を空けるということです。つまり自分が動けば、その場所にスペースが生まれます。ただ、自分が動いてもその場に相手がいるとスペースにはなりません。

そこで大事なのが、自分の動きで相手を引っ張るということです。例えば自分がパスをした後、リターンをもらうような動き出しでスペースに動くことで、相手もついてこざるを得なくなります。

Kashiwagi Point

あえて視界に入って裏へ走り出す

マークを引き連れて行くポイントは、あえて相手の視界に入って走り出すことです。相手は視界から急に消えるように走り出されることで、背後のスペースでフリーになられては困るのでついて行かざるを得ません。動き出しはスピードの変化で裏を取るようなイメージで走ります。

COLUMN

柏木陽介にまつわるキーワード

シャドー

シャドーは浦和レッズ、ミハイロ・ペトロヴィッチ監督のサッカーでカギとなるポジションだ。１トップの下に位置する２人のシャドーストライカーが、ディフェンスラインと中盤の間のスペースで相手の守備を混乱させる。

浦和が攻勢を強めて相手を仕留めに行く時、柏木陽介はポジションをボランチから攻撃的ポジションのシャドーに上げる。柏木がゴールに近づくことで、決定的なプレーを繰り出す可能性は一気に高まる。

CHAPTER 5

攻撃の組み立て（ビルドアップ）

後ろからパスをつないで攻撃を組み立てるビルドアップ。
相手のプレッシャーをかわすためのポジショニングや、
強弱をつけたパスによってスペースをつくる方法をマスターしよう。

BUILD UP

CHAPTER 5

攻撃を組み立てるための ロジックを覚えよう！

ディフェンスラインから攻撃を組み立てるビルドアップに関して、後ろからパスを丁寧につないで展開するチームが現代サッカーでは増えています。つまり、ボランチのゲームメーク能力が、ますます重要なものとなっています。

ボランチは中盤でボールを受けてそこから展開するだけでなく、時にはディフェンスラインまで下がってボールをさばくこともあります。

ボランチが下がることで、後ろで数的優位をつくることができます。相手のＦＷが前線からプレッシャーをかけにきても、必ず誰かがフリーの状態になるので優位な状態でパス回しができます。

さらにはパス能力が高いゲームメーカーがディフェンスラインに入ることで、後ろから安定して展開ができ、良い形で中盤へつなげることができます。

ただ下がるだけではなく、的確にボールを引き出してディフェンスラインから中盤、中盤から前線へと攻撃をリンクさせることも大事な仕事です。マークの厳しい中盤でゲームメーカーがパスを受け、展開できるかでビルドアップの質は大きく変わります。

この章では後ろでのサポートの動きやボールの引き出し方、前線への展開の仕方などビルドアップに必要とされる動きを解説していきます。ピッチ全体のパイプ役となり、攻撃をスムーズに前進させられるようになりましょう。

攻撃の組み立て（ビルドアップ）　CHAPTER 5 1

CBの間に“落ちて”ボールを受ける

このプレーに必要な技術　chapter3-4 一気にスピードを上げる　chapter3-7 半身の状態をつくる

1

ボールを持ったCBが相手からプレッシャーを受けている状態です

2

ボランチが2人のCBの間へ下がります

俯瞰アングル

ディフェンスラインでボールを回している状況。2人のCBに対して、相手のFWが前からプレスをかけにきている。そこで中盤のボランチが開いたCBの間のスペースへ下がってパスを受ける。こうすることで2対2から3対2の状況が作れるので、数的優位でのパス回しが可能になり、プレスを回避できる。

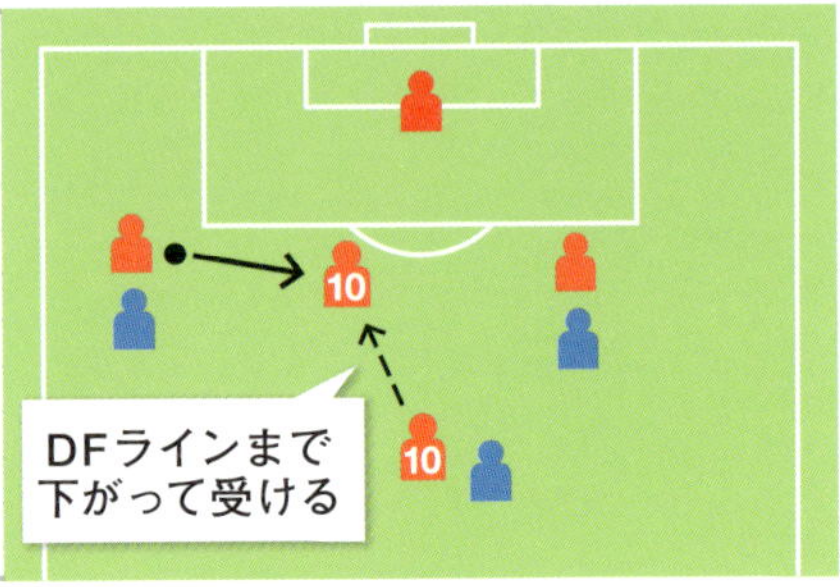
10
10
DFラインまで下がって受ける

Kashiwagi Point

CBの間に下がる時は周囲の状況を確認しながら下がる

CBの間に下りる時に注意する点は、自分がフリーになれているかどうかを確認することです。もし下がる時にマーカーがついてきているようならCBからパスを受けるのは危険です。しっかり首を振り、状況を確認しながら下がるようにしましょう。

CBと同じ高さまで下がったボランチがフリーの状態でパスを受けます

前を向きながらトラップし、視野を確保します

数的優位をつくって フリーの状態で攻撃開始

ビルドアップ時にパス能力が高いボランチがディフェンスラインまで下がって攻撃を組み立てることは、ボールをスムーズに中盤へつなげるための有効な手段です。下がることで数的優位ができ、フリーの状態で攻撃をスタートできます。また、ボランチがディフェンスラインの中央に落ちるためにCBが左右に広がるので、SBを前へ押し出せるメリットもあります。

大事なポイントは、CBがしっかりと開いてボランチが下がるためのスペースを空けていること。そして下がった時にマーカーがマンツーマンでそのままついてきた場合、無理をせずバックパスを選択することも大切です。

攻撃の組み立て（ビルドアップ）　CHAPTER 5 2

サイドのスペースに大胆に開いてパスを受ける

このプレーに必要な技術　chapter3-6 相手から離れる　chapter3-7 半身の状態をつくる

横の味方にパスを出すも、その味方にも相手が寄ってきています

パスが返ってくるタイミングで逆サイドのスペースに開きます

俯瞰アングル

ディフェンスラインでボールを回している時に、CB同士の距離が近く、相手の高い位置からのプレスにハマってしまいそうな状態。ボランチがCB横の空いているスペースまで下がり、サポートに入ってあげる。フリーでパスを受け、後ろから起点となってビルドアップできる。

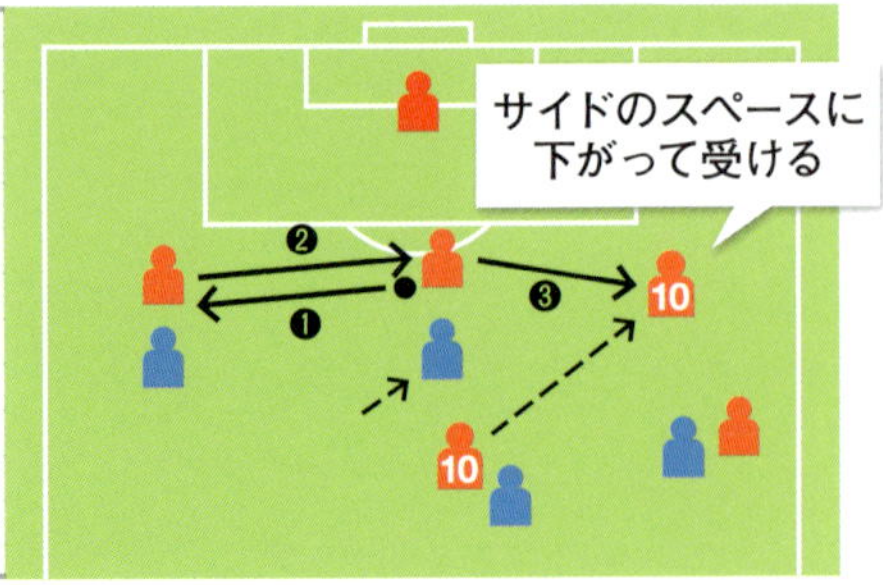

Kashiwagi Point

味方が受ける前にサイドに開く

大切なのは動き出しのタイミングです。味方がパスを受ける前に動き出していることがポイントになります。この動き出しが遅いと味方がパスを出したいタイミングでサイドに開き切れず、前を向いた良い状態でパスを受けられません。

CBからサイドに開いたボランチにパスが出ます

前を向いてボールを受けます

マークがついてきづらいサイドのスペースを生かす

ビルドアップ時にCBの距離が近い状態で相手からプレッシャーを受けると、ボランチが2人の間に入ってパスを受けることは難しくなります。

　この状態ではボランチは中央にいてもパスを受ける角度がなく、味方を助けることができません。

　こういったシチュエーションではボランチがサイドのスペースに開いてパスを受けるのも1つの選択肢です。

　サイドへ大胆に開くことで、マーカーは中央のエリアを空けるわけにはいかず、ついていくことができません。フリーでパスを受けられることで前を向いてプレーができ、サイドから落ち着いて攻撃を組み立てることができます。

攻撃の組み立て（ビルドアップ） CHAPTER 5 3

相手を背負ってパスを受けて ワンタッチでさばく

このプレーに必要な技術 chapter1-2 インサイドキック（ロング） chapter3-4 一気にスピードを上げる

中盤中央でボランチが相手にしっかりとマークされている状態です

サイドの選手からCBにパスが入った瞬間に動き出します

俯瞰アングル

CBとSBでボールを回している時にCBが相手のFWに左のコースを切られて、追い込まれている状態。CBが縦パスを入られるタイミングで、ボランチが受けに下がり、受けたボールをダイレクトで左サイドに展開。プレスを回避し、フリーとなった左SBがボールを持ち出して攻撃を展開ができる。

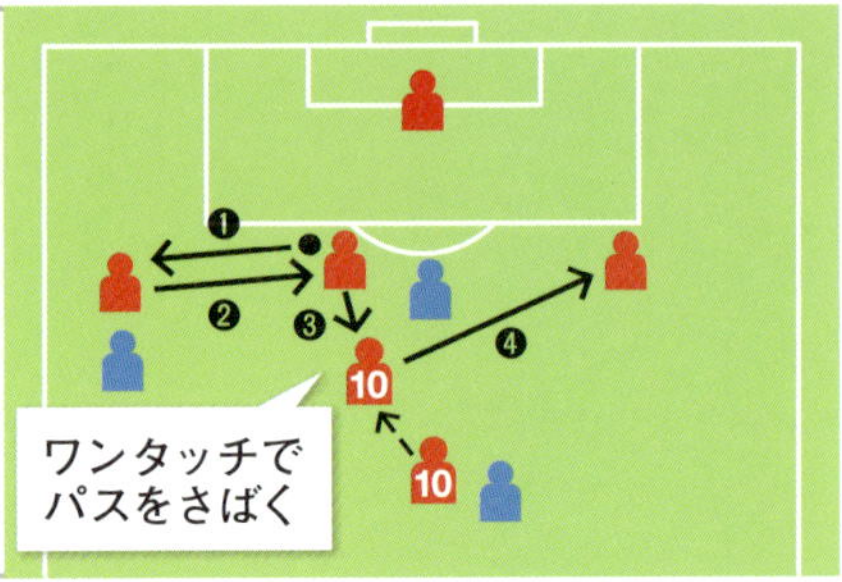

Kashiwagi Point

次の展開もイメージして パスをもらいに下がる

CBから縦パスを受ける時に次の展開も頭に入れながらもらいに行く必要があります。スペースに下がりながら、次にパスを受ける左SBの状況を確認。もしフリーでなければもう一度CBに戻したり、GKまで戻すことも頭に入れておきましょう。

3

マークが一瞬だけ外れてフリーになり、CBからパスを受けられます

4

ワンタッチで逆サイドへと展開し、状況を打開することができます

緩急とタイミングで受けられる瞬間をつくる

ビルドアップ時、相手は自由にパス回しをさせないために、中盤中央のボランチに対しては常にタイトなマークでプレッシャーを与えてきます。

そうした状況でもボランチは相手を背にしながらビルドアップに関わり、打開することが求められるポジションです。そこで大切なのが動き出しの緩急とタイミングです。

動き出しに緩急をつけることでマークを一瞬外すことができ、パスを受けるための時間が生まれます。そして味方がダイレクトでパスを出せるタイミングでスペースに動くことで、味方は無理なくパスが出せます。スペースや時間がない中ではボランチの動き出しが重要なポイントです。

攻撃の組み立て（ビルドアップ） CHAPTER 5 4

中盤と最終ラインの間でパスを受ける

このプレーに必要な技術　chapter2-5 コンパストラップ　chapter3-9 中途半端なポジションをとる

2人のDFのちょうど間にポジションをとってフリーになります

自分がフリーであるのを確認し、CBからパスを呼び込みます

俯瞰アングル

フリーのCBがボールを持ち出している状態。ボランチは相手のFWとMFの間の中途半端なスペースにポジションを取り、CBから縦パス受ける。相手は誰が寄せに行くかの判断が曖昧になり、プレスのタイミングが遅くなったり、中途半端に寄せることになる。寄せが甘ければ前を向いて展開できる。

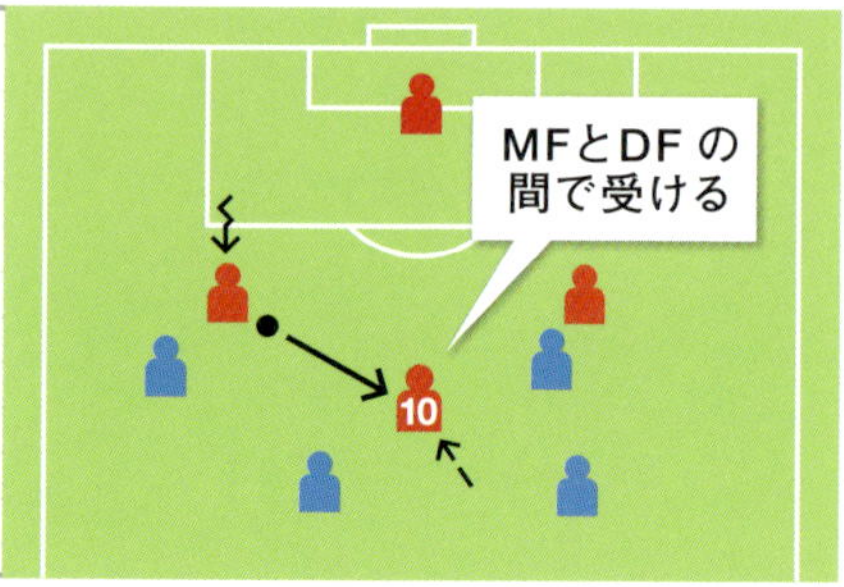

Kashiwagi Point

ライン間で受けるためには受けられる距離感に注意

DFとの間で受けられるかを判断するためには、相手との距離に注意する必要があります。距離が近い場合にパスを受けてしまうと、ボールが入った瞬間にすぐに寄せられて奪われるリスクが高くなります。首を振って距離を確認しましょう。

ボールが入った瞬間に2人のDFが慌てて寄せにきます

どちらとも距離があるので反転することができ、縦に展開できます

マークが曖昧になる「間」を利用して展開

中盤と最終ラインの間など、相手の選手間にできるスペースは攻撃側が常に狙うべきエリアです。それはディフェンスラインからのビルドアップでも有効に使えるスペースとなります。

ボランチに対してプレスをかけるのは、相手のFW、またはボランチです。つまりボランチが中盤でパスを受けるために狙う「間」のスペースは、相手FWかボランチの2人の「間」になります。

2人の間で受けることで、相手はどちらがマークにつくのかが曖昧になり、対応が後手になり、距離が遠くなります。そのスペースを利用して、CBからパスを引き出し、攻撃を組み立てましょう。

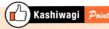

攻撃の組み立て（ビルドアップ）　CHAPTER 5 5

味方と前後のポジションを入れ替える

このプレーに必要な技術　chapter 4-1 DFの背中をとる　chapter 4-5 オトリの動き

中盤で受けたボールを後ろの選手へバックパスをします

バスをした瞬間に前へ動き出し、FWが下がってパスを呼び込みます

俯瞰アングル

ボランチがCBからパスを受け、ダイレクトで返す。返した直後に前にいる味方の方へ走り出し、スペースと縦のパスコースを空ける。そのタイミングで前にいた味方が落ちて来て、空けておいたスペースで縦パスを受ける。マークがついてきていなければ、前を向いてコントロールし、展開できる。

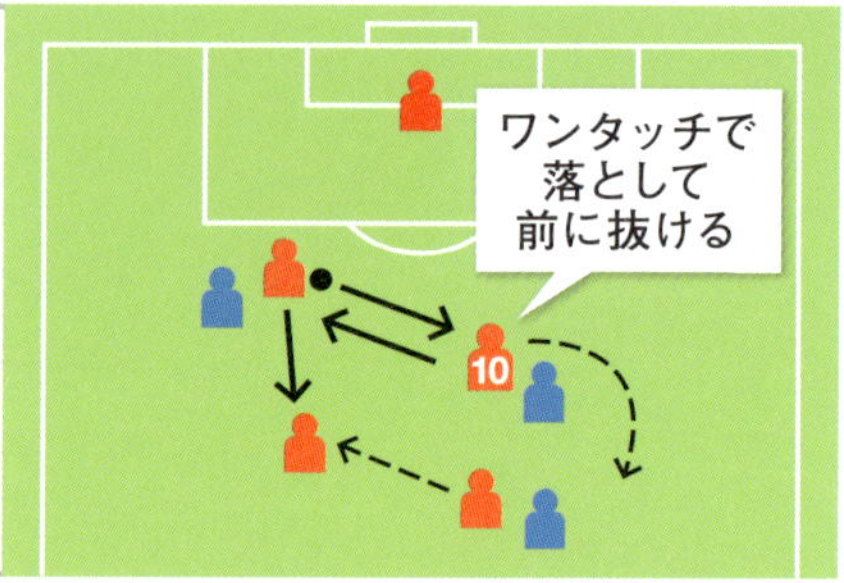

Kashiwagi Point

相手の逆をとってマークを引きつける

FWと前後入れ替わる動きのポイントは、自分のマークを引きつけて相手の逆をとって入れ替わるように動くことです。相手は逆をとられたことで、慌ててついてきます。そうすれば確実にFWへパスコースとスペースを空けることができます。

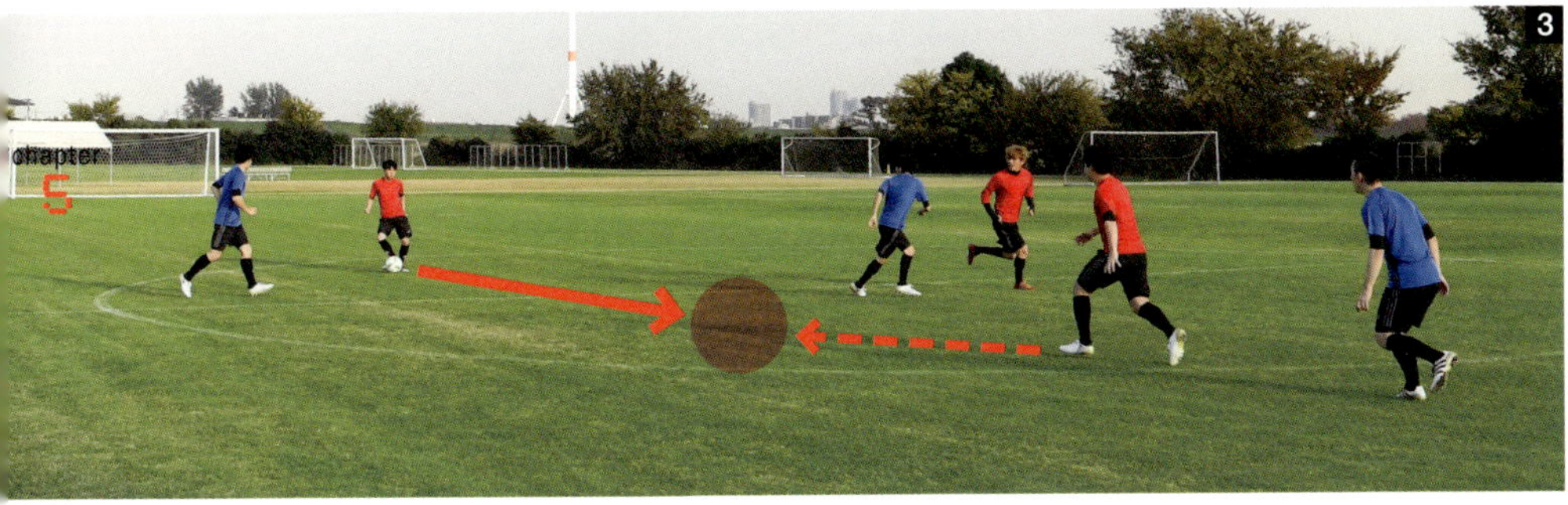

後ろの選手は前にできたコースを通してスペースにパスをします

FWは入れ替わりでできたスペースでパスを受けることができます

前後の入れ替えでスペースをつくる動き

ゲームメーカーの仕事はパスでチャンスを演出するだけではありません。自分の動き出しによって、味方にスペースや時間をつくり出すことも攻撃を組み立てる上では重要なプレーとなります。

このプレーでは自分より前方にいるFWとポジションを前後で入れ替えてスペースをつくり、フリーでボールを受けられるようにしています。

ポイントはパスを出した後に素早く動くこと。前方のスペースに走ってリターンパスを受けるような雰囲気を感じさせることで、自分のマークを引きつけ、スペースが生まれます。もしも相手がついてこなければ背後のスペースでパスを受けましょう。

攻撃の組み立て（ビルドアップ）　CHAPTER 5 6

空いている逆サイドに大きく展開する

このプレーに必要な技術　chapter1-3 インフロントキック（ライナー）　chapter2-3 スペースに流すコントロール

右サイドで攻撃が手詰まりになった味方からパスをもらいます

身体を開くように中側にトラップし、ピッチ全体を視野に入れます

俯瞰アングル

右サイドの味方がボールを持っているところへサポートに入る。パスを受けて内側へコントロールした時に、相手のDFが全体的に右サイドへスライドして守っているため、左サイドのスペースが大きく空いている状態を確認する。そのスペースに走る味方へ大きくサイドチェンジのパスを展開する。

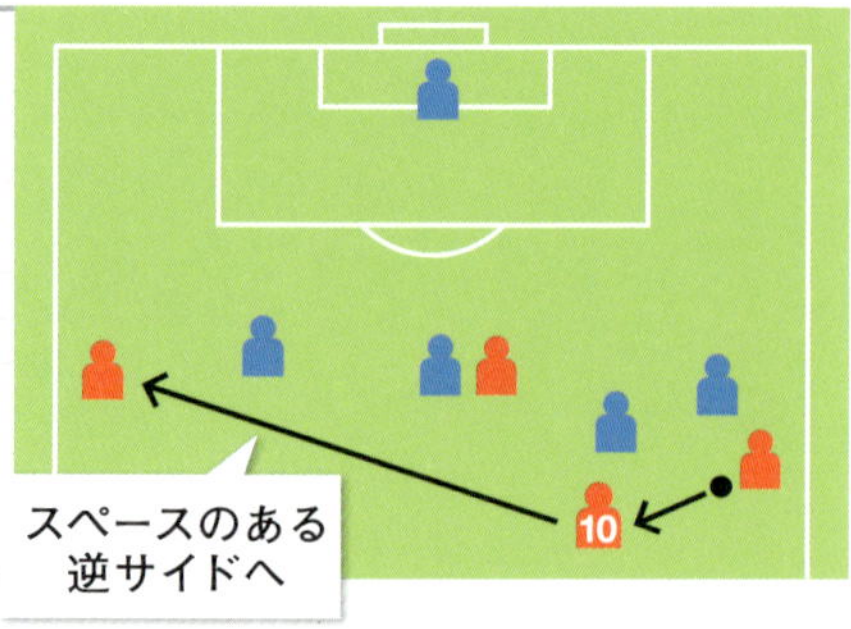

Kashiwagi Point

ルックアップをして味方に走り出す合図を出す

サイドを変える時に大切なのが、ボールをキープしたらしっかりとルックアップすることです。状況を正確に把握できるだけでなく、顔を上げることで味方に対して走り出すきっかけをつくることにもなるからです。

逆サイドの味方が縦に走っていることを確認し……

左足のロングキックで大きくサイドチェンジをします

大きなサイドチェンジで状況を一気に打開する

攻撃を組み立てる時に片方のサイドでは手詰まりになってしまったり、カウンターで素早く展開したい時など、状況を一気に打開したい場面があります。

その時、ゲームメーカーのキック1つで大きくサイドチェンジができれば、攻撃がスピードアップし、チャンスはより広がります。サイドを大きく変えられることは、それだけでチームにとって大きな武器となります。

ここでゲームメーカーに求められる能力は、ピッチを逆サイドまで見渡せる広い視野と、正確にボールを展開できるロングキックです。

状況に応じて大きく展開できるよう意識しましょう。

攻撃の組み立て（ビルドアップ）　CHAPTER 5 7

サイドを変えると見せかけて縦パス

このプレーに必要な技術　chapter 1-2 インサイドキック（ロング）　chapter 2-1 足元に止めるコントロール

右サイドの味方からバックパスを受けます

身体を開くように中側へトラップをします

俯瞰アングル

右サイドの味方がボールを持っているところへサポートに入る。ワンタッチで内側を向き、逆サイドのスペースを確認する。そのタイミングでFWが縦に走り出すので、大きくサイドチェンジをすると見せかけてFWへスルーパスを出す。相手は逆サイドへ出すと思い込み、対応が遅れてしまう。

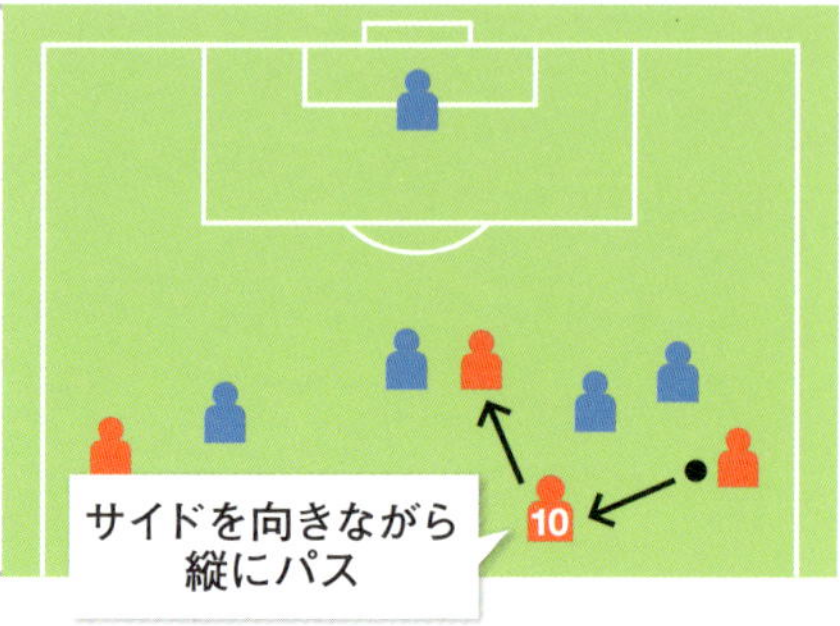

Kashiwagi Point

視線や姿勢で相手を動かし相手をあざむくようにプレー

相手の裏を突いたり、あざむくようなプレーを成功させるコツは視線や姿勢です。相手は視線や姿勢の方向で次のプレーを予測するものです。相手に狙いとは違う方向を見せることで、次のプレーを読まれずに攻撃を組み立てることができます。

逆サイドへパスを出すようなモーションで相手の重心を動かします

このタイミングで前の味方が動き出しているので縦パスを入れます

相手の重心を動かして意表を突くパスを入れる

前項ではサイドを大きく変えることで、局面を打開することを紹介しました。ここではその「サイドを変える」とDFに見せかけることで、相手を動かし、逆を突いて縦にパスを入れて攻撃を組み立てていきます。

サイドの味方からゲームメーカーがパスを受け、内側にトラップすると、相手はどこに展開するか様子を伺います。そこで逆サイドに大きく蹴るようにボールを持ち出すことで相手はサイドチェンジに備えて重心が逆サイドに向くものです。その時に逆サイドではなく、縦にパスを入れることで相手の意表を突き、攻撃を加速させたり、テンポを変えることができます。

攻撃の組み立て（ビルドアップ） CHAPTER 5 8

前後のパス交換でフリーな時間をつくる

このプレーに必要な技術 chapter 1-1 インサイドキック（ショート） chapter 4-2 フェイクの動き

前を向いてボールをキープし、左から相手がきている状態です

前の味方がパスをもらいに下りてきます

俯瞰アングル

中盤でボールを持っている時に、相手が左側からプレッシャーをかけてきている状態。相手が寄ってきたタイミングで、前の味方へ縦パスを入れる。パスを出した後、寄ってきた相手と入れ替わるように左のスペースへ走って振り切り、フリーの状態でもう一度パスをもらう。

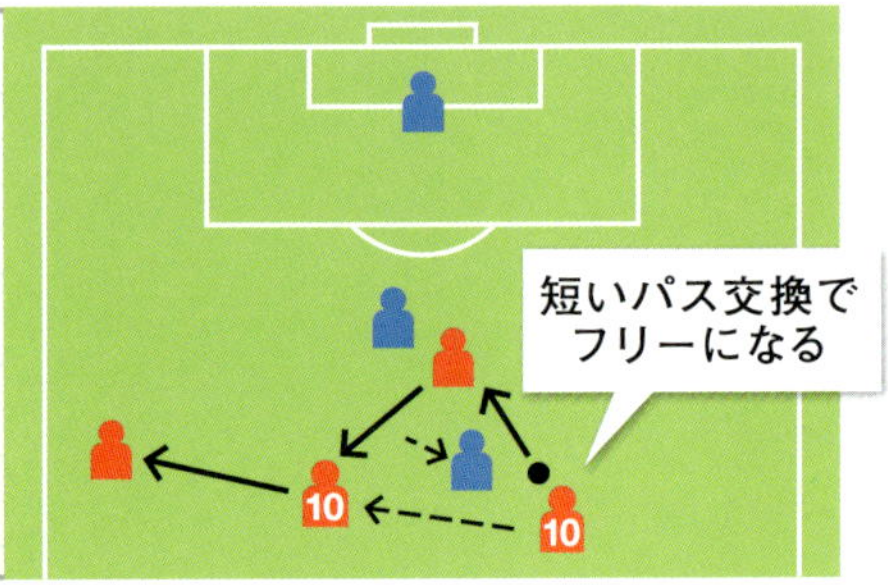

Kashiwagi Point

パス交換では相手を引きつけて入れ替わる

相手がプレッシャーにきている時にパス交換をする場合、相手を十分に引きつけてからパスを出すことがうまくかわすポイントになります。相手を引きつけることで逆を突いて入れ替わり、相手の背後のスペースでフリーになれます。

縦にパスを入れて相手と入れ替わるように左に走ります

入れ替わったところで、フリーの状態でリターンをもらいます

縦のパス交換で動かし守備にギャップをつくる

どのエリアでも攻撃を組み立てる時に、味方とのパス交換で相手のポジションを動かすことは、守備の隙をつくるために必要なことです。

特に有効なのが縦のパス交換です。横パスでは相手の守備はポジションを横にスライドするだけですが、縦パスに対応すると前後にポジションがずれるため、中盤やディフェンスラインにギャップが生まれ、相手の守備を崩しやすくなります。

また、中盤で相手が横からプレッシャーにきた時に前後の壁パスは相手をかわすための有効な手段です。

前後のパス交換を効果的に使えれば、固い守備の相手も崩せるようになります。

攻撃の組み立て（ビルドアップ） CHAPTER 5 9

縦パスを入れた後
自分が前に出て行く

このプレーに必要な技術 chapter2-3 スペースに流すコントロール chapter3-4 一気にスピードを上げる

中盤の中央でボールをキープ。前線の味方は相手を背負っています

左にボールを持ち出し、目の前のDFを左に動かします

俯瞰アングル

中盤で横パスをもらい、そこへ相手がプレッシャーにきている状態。トラップで左サイドへ展開するようにコントロールし、相手を左へ動かす。そのタイミングで前の味方がもらいに下がって来るので縦パスを入れる。パスをした後に縦のスペースへ走り込み、リターンをもらう。

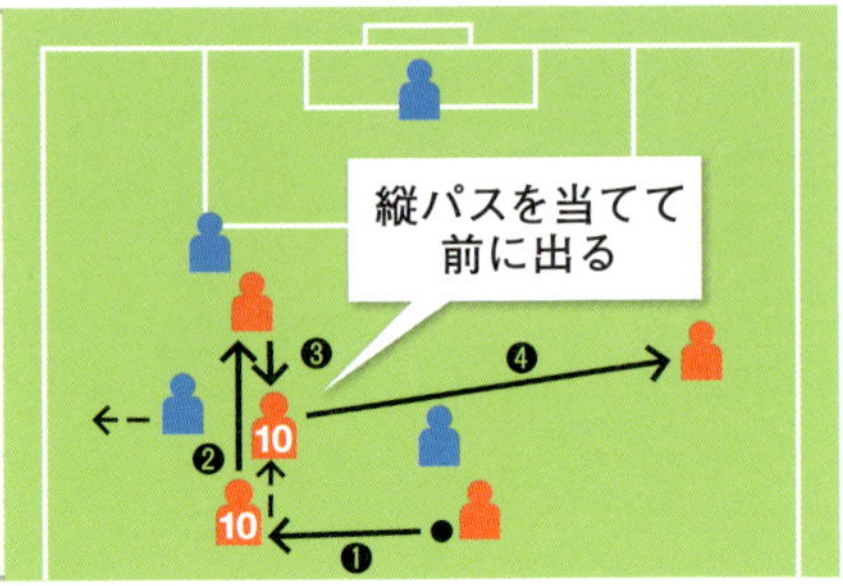

Kashiwagi Point

DFに横パスをイメージさせる

縦パスというのは相手もかなり警戒しているパスなので、普通にパスを入れようとしても読まれてしまいます。視線や身体の向きなどで、一度サイドへのパスをDFにイメージさせることで、縦パスへの意識を分散させることができます。

パスコースが空いたところで味方がマークを外して下りてきます

マークを外した瞬間に縦パスを入れて、そのまま自分も前に出ます

相手の意表を突いて縦に侵入するパス&ゴー

前項の「前後のパス交換」では、前の味方に縦パスを入れた後、横の空いたスペースに走り込んで落としをもらっていました。ここでは縦パスを入れた後に自分も前へと走り、ボールと一緒に縦に侵入していきます。

相手の意表を突いて前に出ることで、より得点に直結するようなプレーに関わることができます。

ポイントとなるのは、味方とのタイミングです。前の選手がDFを背にしている状態で縦パスを入れるとインターセプトされたり、背後からタックルを受けてつぶされる危険性があります。味方がマークを外したタイミングに合わせるようにしましょう。

攻撃の組み立て（ビルドアップ）　CHAPTER 5 10

クサビのパスを ワンタッチでサイドの裏へ

このプレーに必要な技術　chapter1-1 インサイドキック（ショート）　chapter3-2 ボールを受ける前に首を振る

1

中盤中央でパスを受けます。手前の相手がきている状態です

2

前線の味方が下りてきているので、足元にパスします

俯瞰アングル

右サイドから横パスをもらい、前を向いてコントロール。FWがパスをもらいに下がり、そこへ縦パス。ダイレクトでリターンをもらうと、そのパスに相手が食いつき、全体のラインがやや上がる。そのタイミングで左サイドの味方が裏のスペースへ走り込む。ダイレクトで裏に出し、サイドを突破する。

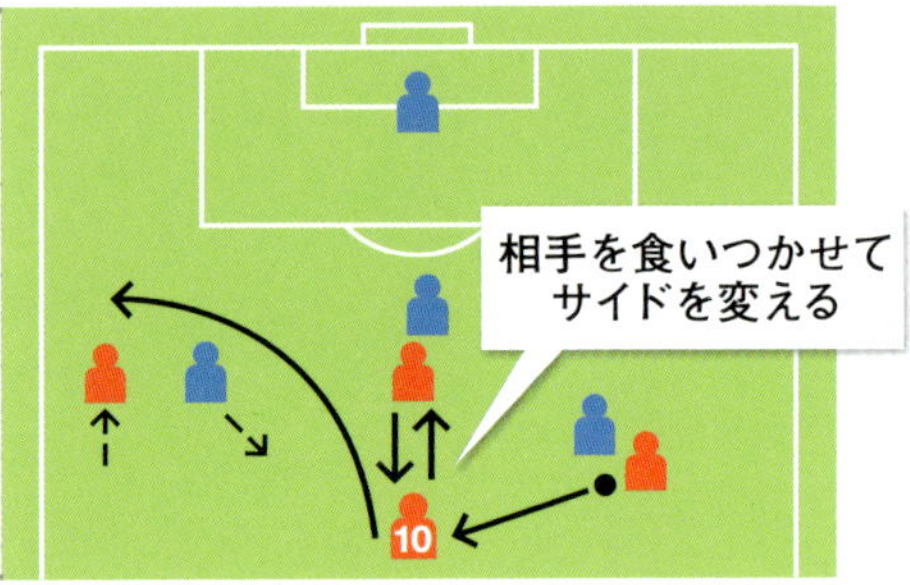
相手を食いつかせて
サイドを変える
10

Kashiwagi Point

身体の向きで DFに予測させない

DFの意表を突いてサイドチェンジするためには、相手に読まれないことがポイントです。落としをもらう時に、逆サイドに身体を向けておくことで、DFは意識が右サイドに向き、サイドチェンジの予測が難しくなります。

パスを受けた味方は相手に囲まれるのでダイレクトで落とします

落としたボールをダイレクトで逆サイドの裏のスペースにパスします

パス交換で相手を動かし 裏のスペースに走りこむ

味方とのパス交換で相手のポジションを動かすことは「前後のパス交換」で述べてきました。パス交換で相手を動かしてできたスペースを効果的に使えれば、相手の守備をより簡単に崩せるようになります。

ここではパス交換で相手のポジションと重心を前に動かし、その裏へダイレクトでパスを通すのが狙いです。

最初に中盤でパスを受けて前線の味方にクサビのパスを入れます。そのパスの落としをダイレクトで逆サイドの裏のスペースに展開します。前後にボールが動いたところで、DFのポジションを前に食いつかせていることがポイントです。

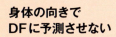

攻撃の組み立て（ビルドアップ）　CHAPTER 5 11

組み立てを飛ばして DFラインの背後にロングパス

このプレーに必要な技術　chapter 1-6 インステップキック（バックスピン）　chapter 3-2 ボールを受ける前に首を振る

中盤でボールをキープし、ルックアップして味方に合図を送ります

前線のFWがDFを引き連れながら下りてきます

俯瞰アングル

中盤で前を向いてボールをキープし、顔が上がったタイミングで前のFWがパスをもらいに下がって来る。1人が下がってできたスペースに、もう1人のFWがダイアゴナルのランニングで走り込む。裏へ抜けるFWに浮き球のロングパスを通す。一気に抜け出して、GKと1対1の状況に持ち込める。

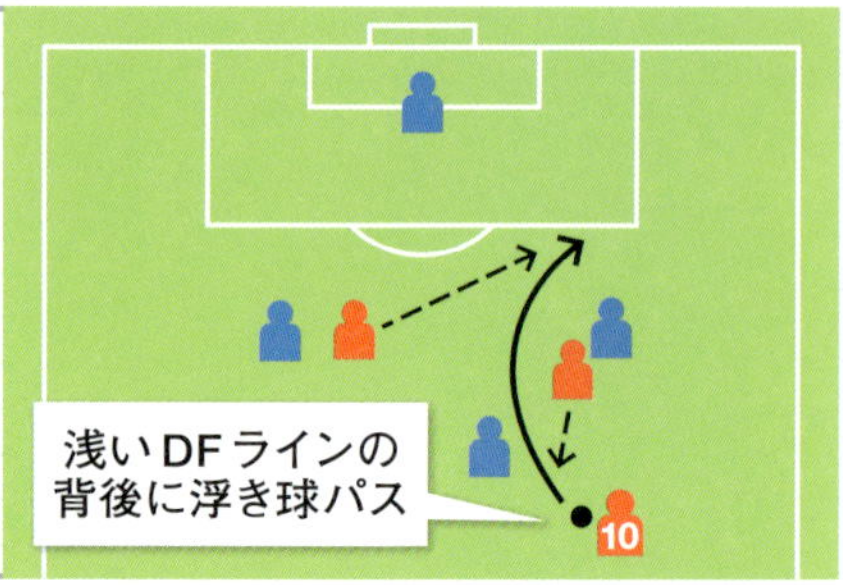

Kashiwagi Point

背後のロングボールはバックスピンをかける

ディフェンスラインの背後はGKの守備範囲になるので、簡単なロングボールではGKが飛び出してキャッチ、またはクリアされてしまいます。バックスピンのボールを蹴ると、バウンド時に減速するので、GKは飛び出すべきか判断が難しくなります。

もう1人のFWが斜めにスペースに走り込みます

走り込みに合わせて背後のスペースにロングパスを送ります

2人のコンビでDFラインの背後をとる

中盤やディフェンスラインからのロングパスでDFの背後をとることができれば、少ないタッチ数で大きなチャンスをつくることができます。

しかし、ただ単に裏にロングパスを蹴っても簡単にクリアされてしまいます。相手の背後をとるためには味方とのコンビネーションが大切です。

このコンビネーションでは、2トップの1人がゲームメーカーからパスを受けるように前線から下りてきます。そうすることでDFを引き連れ、ディフェンスラインにギャップが生まれます。そのスペースにもう1人のFWが走り込み、そのタイミングを狙って背後にロングパスを送れば、裏に抜け出すことができます。

攻撃の組み立て（ビルドアップ）　CHAPTER 5 12

ロングボールでサイドを変える

このプレーに必要な技術　chapter 1-3 インフロントキック（ライナー）　chapter 3-5 ボールを迎えに行く

1

左サイドからパスをもらいます。逆サイドの味方がフリーの状態です

2

パスが通るタイミングで逆サイドが走り出します

俯瞰アングル

左サイドの味方から横パスを受け、ボールを迎えに行くように寄る。そのタイミングで右サイドの味方が縦のスペースへダッシュを開始する。走り込んでいるのがわかっているので、横パスを左足のインフロントキックで巻き込むようにダイレクトで大きく展開し、右へサイドチェンジする。

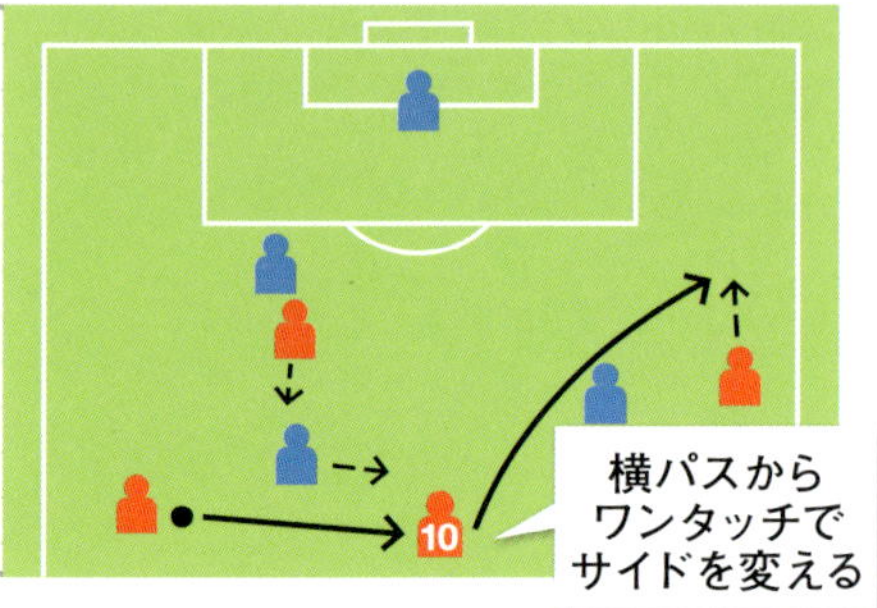
10
横パスから
ワンタッチで
サイドを変える

Kashiwagi Point

**サイドチェンジは
ボールを巻き込むように**

このプレーのようにダイレクトでサイドチェンジをする場合、身体を逆側へ開かずにボールを巻き込むような形で蹴ることでDFに読まれづらくなります。身体を開いてから蹴ると、DFにも走り出すきっかけを与えてしまうことになります。

来たボールをそのままダイレクトで素早く逆サイドに展開します

背後のスペースにパスが通り、味方が走り込みます

素早いサイドチェンジで逆サイドの背後を狙う

どちらかのサイドにボールがある時、基本的に選手はボールサイドに寄るため、逆サイドは大きなスペースとなっています。そこへ一発で大きく展開するか、または素早くサイドを変えることで、DFの背後をとることができます。

ゲームメーカーが中盤で絡む場合、サイドからの中継役となって素早いサイドチェンジが求められます。中盤で手数や時間をかけてしまうと相手にポジションを修正する時間を与えることになります。

ゲームメーカーがサイドからのパスをダイレクトのロングパスでDFの背後へ送ることができれば、サイドを崩して大きなチャンスをつくることができます。

攻撃の組み立て（ビルドアップ） CHAPTER 5 13

ライナー性のパスでサイドを変える

このプレーに必要な技術 chapter 1-5 インステップキック（ライナー） chapter 3-2 ボールを受ける前に首を振る

左サイドから足元にパスをもらいます

右足で軽く前のスペースへコントロールします

俯瞰アングル

左サイドの味方からバックパスを受け、そこへ相手が寄ってきている状態。ファーストタッチでやや大きめに前のスペースへコントロールする。そのタイミングでFWが走り込み、全体がそちらに意識が向いたところで、インステップキックで逆サイドにライナー性の速いボールでサイドチェンジ。

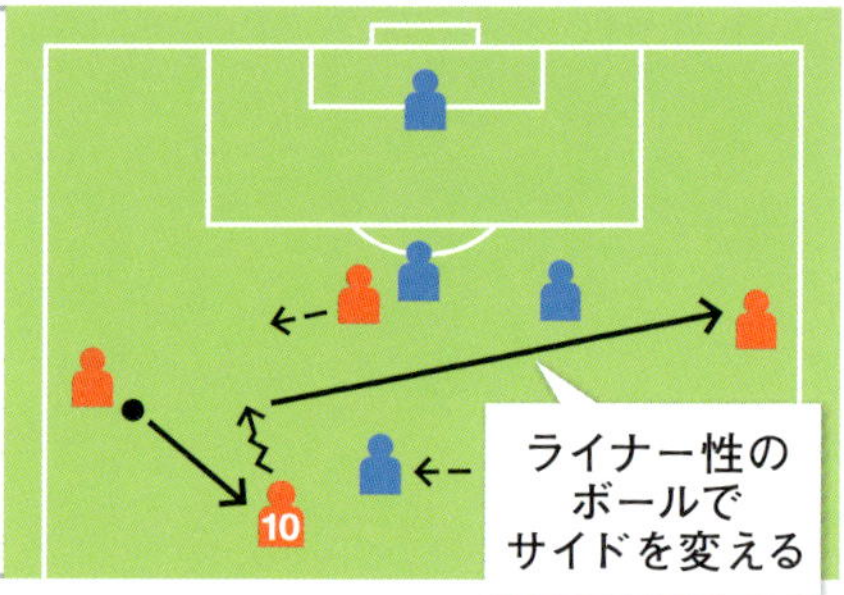

Kashiwagi Point

スペースに出して助走をつける

ライナー性のボールで大きく展開する時は、インサイドキックのようにノーステップではパワーが足りなくなりがちです。ファーストタッチで前方のスペースにコントロールし、助走をつけて蹴ることで逆サイドまで飛ばせるようになります。

逆サイドの味方の走り込みを確認しながら助走をとります

前方のスペースへ向けてライナー性の鋭いボールでサイドチェンジします

鋭いサイドチェンジで裏のスペースを狙う

片一方のサイドから1本のロングボールでサイドを変えられれば、相手の守備のスライドは追いつかず、スペースを突くことができます。

例えばSBの裏のスペースを突くことができれば、サイド深くに侵入し、大きなチャンスをつくることができます。

ただ、ロングボールは滞空時間が長くなってしまうと、DFにもスライドしてスペースを埋めるための時間ができてしまいます。

相手に修正の時間を与えないために、ライナー性の速いボールでサイドチェンジができる必要があります。ゲームメーカーが素早くサイドチェンジできれば、DFの背後を狙いやすくなります。

攻撃の組み立て（ビルドアップ） CHAPTER 5 14

“ムダなパス”を出して味方の上がる時間をつくる

このプレーに必要な技術 chapter1-1 インサイドキック（ショート） chapter3-2 ボールを受ける前に首を振る

1 前方にいる味方にクサビの縦パスを入れます

2 前の味方はダイレクトでまたボールを戻します

俯瞰アングル

左サイドでボールをキープし、前方の味方へクサビのパスを入れる。その間に逆サイドの味方が縦のスペースに走り込む時間を作る。クサビのリターンをもらう間に逆サイドの状況を確認しつつ、返ってきたボールをインフロントキックで巻き込むようにダイレクトで大きくサイドチェンジをする。

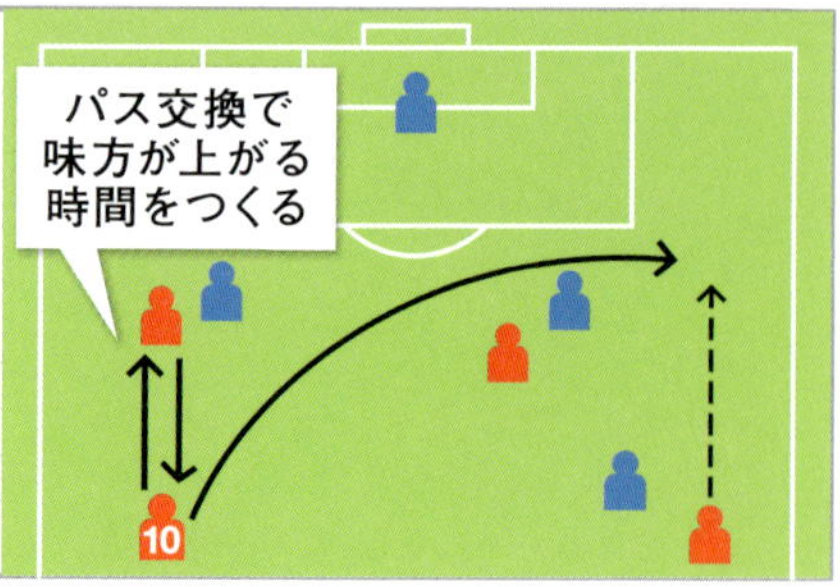

Kashiwagi *Point*

前へのクサビのパスは優しく足元につける

時間をつくるために出すクサビのパスは、前の味方が簡単に戻せるように優しく足元につけてあげることがポイントです。優しいパスを出すことで味方もリターンしやすく、優しいパスが返ってくればダイレクトでサイドチェンジがしやすくなります。

この間に逆サイドの味方が走り出しています

そこへダイレクトでサイドチェンジのロングボールを送ります

近くの味方とパス交換する

サイドチェンジをしようと思ったタイミングで、逆サイドの味方がまだ準備ができていなかったり、押し上げ切れていなかったり、あるいはサイドを変えたいゲームメーカーの意図を感じとれていない場合があります。そんなタイミングで無理にサイドを変えても意味がありません。

こういったシチュエーションでは逆サイドの味方が上がれる時間をつくる必要があります。だからと言っていつまでもボールを持っていては相手に囲まれてしまいます。

この場合は近くの味方とパス交換して時間をつくります。このパスで逆サイドの上がりを促しながら、上がるための時間をつくることができます。

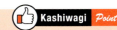

攻撃の組み立て（ビルドアップ） CHAPTER 5 15

プレッシャーを受けた味方をサポートする

このプレーに必要な技術 chapter2-1 足元に止めるコントロール chapter3-6 相手から離れる

1

右サイドでボールを持った味方が、プレッシャーを受けている状態です

2

瞬間的に右にステップを踏んでマークを外します

俯瞰アングル

右サイドで味方がボールを持っているが、縦を切られて追い込まれている状態。自分にも目の前にマーカーがいる状態だが、マーカーの視線がボールホルダーに向いた瞬間を狙ってバックステップを踏み、フリーの状態を作る。そこへパスを呼び込んでサポートに入る。パスを受けて逆サイドへ展開する。

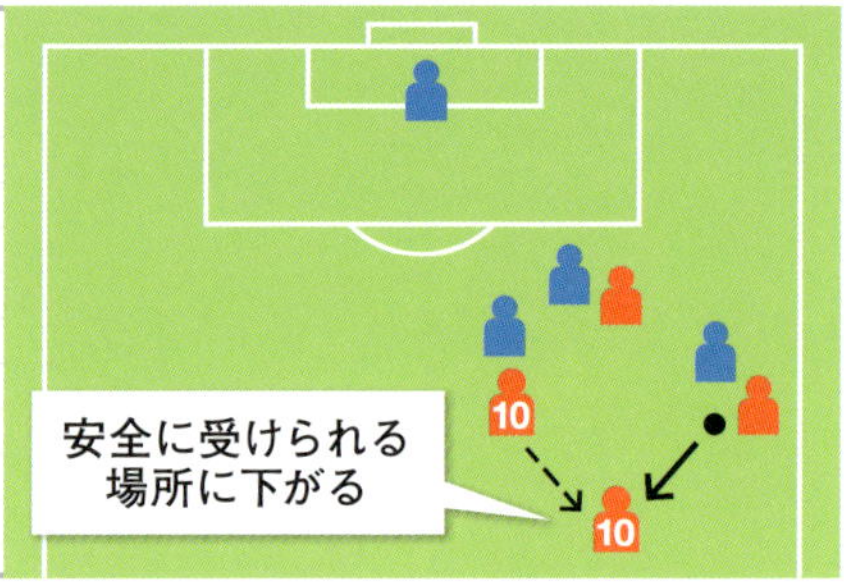
安全に受けられる
場所に下がる
10
10

Kashiwagi Point

顔を上げられる間合いをつくる

相手との間合いが近い時は、ボールを受けてもすぐに寄せられてしまいます。自分が顔を上げてコントロールできるぐらいのところまで、バックステップで下がりましょう。ボールを持っている選手も安心してパスを出せます。

斜め後ろにサポートに入り、味方からバックパスを受けます

中側にトラップし、どこへでも展開できる状態でキープします

ボールがない時でもサポートの動きで関わる

ゲームメーカーはボールを持っている時だけではなく、味方がボールを持っている時にも攻撃に関わる動きが求められます。

特にボールを持った味方が相手からプレッシャーを受ける場面は積極的にサポートに入り、パスを受けられる動きが大切です。サイドの選手に対して中央の選手がサポートに入らなければ孤立してしまうことが多く、そうなれば相手にボールを奪われてしまう可能性が高くなります。

また、サポートへの入り方も大切です。確実にパスが受けられるように角度をつけてサポートし、マークがついている場合は外す動きも必要になります。

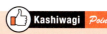

COLUMN

柏木陽介にまつわるキーワード

10番

2016シーズン、柏木陽介は浦和レッズで6シーズンに渡ってつけた背番号8から10に変更した。浦和の10番といえば、これまでエメルソンやロブソン・ポンテ、マルシオ・リシャルデスなど、強力な外国人タレントがつけてきたエースナンバーだ。

こだわりの8番を捨て、10番を背負うことで、選手としてさらに成長するための刺激を求めた。タイトルを渇望するチームの起爆剤となるため、10番・柏木はピッチを走る。

CHAPTER 6

攻撃の組み立て（チャンスメーク）

ゴール前を攻略するには、ゲームメーカーが
どれだけ崩しのパターンやアイデアを持っているかがカギになる。
必殺のスルーパスや、味方とのコンビネーションでゴールを目指そう。

CHANCE MAKE

ゴール前を攻略するための アイデアを増やす！

ゴール前を攻略するための崩しのパターンやアイデアをチーム全体やゲームメーカー自身がどれだけ持っているかで、そのチームのチャンスの質や量は大きく左右されます。

特に相手が守備を固めてカウンターを狙っているような場合、FWはしっかりとマークにつかれ、さらにはスペースを埋めるように中盤とディフェンスラインが2つのラインとなって、ピッチの広い範囲をカバーしてきます。こうした守備網を崩すのはそう簡単ではありません。ただ、そういう時こそゲームメーカーの腕の見せどころだと思います。

トップ下やボランチの位置でプレーするゲームメーカーには、長

短のパスを駆使してボールを動かし、味方とのコンビネーションで相手の陣形を揺さぶることで、崩しの糸口を見つけることが求められます。

この章ではワンツーを応用した崩し方やボールを左右に動かすことで、守備陣形にギャップをつくり出す方法など、スペースを空けるコンビネーションや、自分自身がゴール前へ侵入し、フィニッシュに関わっていく崩しのパターンを紹介します。

ゲームメーカーには、アシストするだけではなく、自分自身で得点を決めることも必要な能力として求められてきています。

この章のパターンを練習してパスを供給するだけでなく、ゴール前へ絡む動きを覚えるようにしましょう。

攻撃の組み立て（チャンスメーク）　CHAPTER 6 1

DFを背負ったFWにクサビを当てる

このプレーに必要な技術　chapter 1-1 インサイドキック（ショート）　chapter 4-2 フェイクの動き

1

ゴール前でボールを持ち、横からDFが寄せてきている状態です

2

DFを背負ったFWにクサビのパスを入れます

俯瞰アングル

中盤で前を向いてボールをキープ。横からDFが寄せてきているところで、前方のFWがDFを背負いながらパスを要求している。ある程度DFが寄せてきたところでFWへクサビのパスを入れる。DFがそのボールに釣られている隙に左のスペースへ動き出し、リターンをもらいスルーパスを出す。

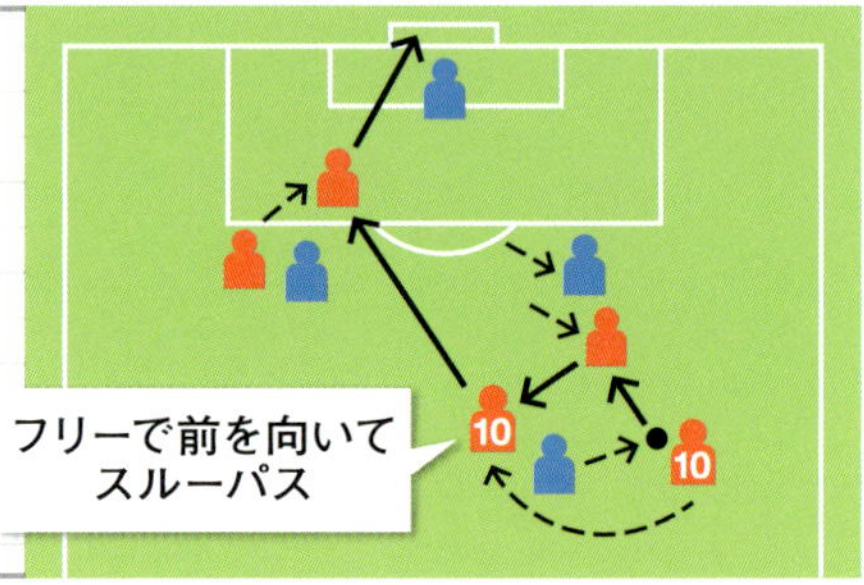
フリーで前を向いて
スルーパス
10
10

Kashiwagi Point

クサビで相手を釣り背後をとる動き

クサビを入れることで、自分についていたマークの視線や意識をボールサイドに動かすことが大切です。相手がボールに釣られた瞬間に背後をとってスペースに動けば、相手は完全に見失った状態になり、次のプレーへの対応が遅れてしまいます。

パスが入ると、DF2人がFWに引きつけられた状態になります

横にできたスペースに入り、フリーの状態で落としをもらいます

狭いエリアでのFWとのワンツー

ゴール前の中央は相手にとってかなり危険なエリアとなるので、特に守備を固める場所になります。そこを崩すのは、攻撃側にとって簡単なことではありません。

それでも味方とのコンビネーション次第で狭い中でもスペースやフリーになる瞬間をつくることができます。例えばDFを背負った味方のFWとのワンツーです。

DFにマークされている味方にパスをするのはリスクが高いように見えますが、しっかりと背負った状態であれば、そこにクサビを入れることでDFを引きつけることができます。そしてできたスペースでフリーになり、チャンスが生まれます。

攻撃の組み立て（チャンスメーク）　CHAPTER 6 2

マークを外したFWの足元を狙ってパス

このプレーに必要な技術　chapter 1-2 インサイドキック（ロング）　chapter 2-1 足元に止めるコントロール

ゴール前でボールを持ち、正面からDFが寄せてきている状態です

DFを背負ったFWが瞬間的な動きで、マークを外します

俯瞰アングル

中盤で前を向いてボールを持ち、目の前にDFが寄せてきている。左のFWがもらいにきてパスコースができたタイミングで、前のFWがマークを外して縦に走り出す。目の前のDFがどちらに出すかわからないように、身体を開いたまま左に出すように見せながらノールックで縦へスルーパスを通す。

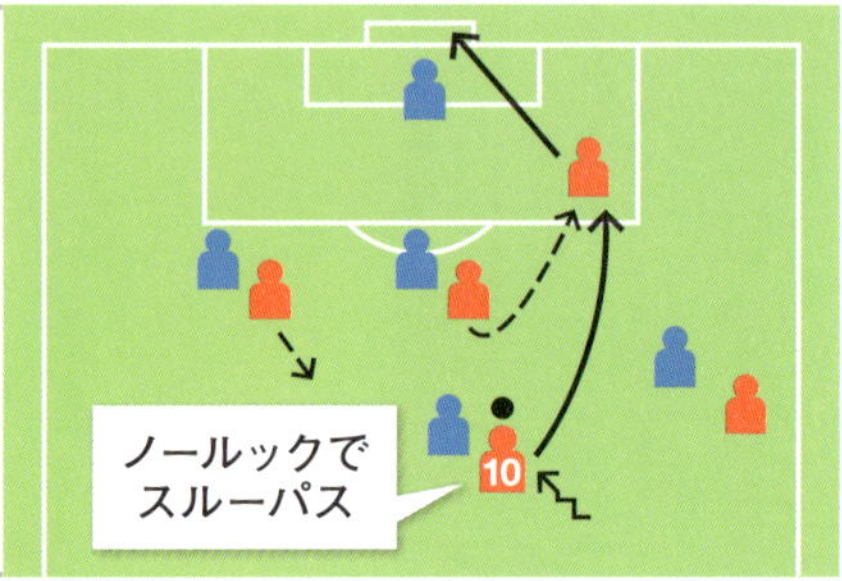

Kashiwagi Point

蹴る直前でも判断を変えられるようにする

FWが動き出したタイミングでパスを出す時、蹴る直前まで判断を変えられるようにすることが大切です。FWの動きを間接視野で捉えて、直前でFWの状況が悪ければ蹴るのを止めるか、別の味方にパスをできるようにしましょう。

外した瞬間に要求しているスペースに縦パスを入れます

フリーになった瞬間にFWの足元へピタリとパスが合います

一瞬のチャンスを逃さない縦パス

ゴール前のエリアではＦＷはＤＦと常に駆け引きをしているものです。ゲームメーカーはそんなＦＷの動きを見逃さないように見ている必要があります。

特にバイタルエリアでゲームメーカーがボールをキープし、顔を上げた瞬間というのは、ＦＷにとっては動き出しの絶好のタイミングになります。その瞬間にＦＷがＤＦのマークを外して走り込んだスペースへゲームメーカーが縦パスを入れることができれば、大きなチャンスが生まれる可能性があります。

出し手ではなく、受け手が主導となり、パスを出すタイミングをしっかりと合わせられるようにしましょう。

攻撃の組み立て（チャンスメーク） CHAPTER 6 3

DFラインの背後に浮き球のパス

このプレーに必要な技術 chapter1-6 インステップキック（バックスピン） chapter2-3 スペースに流すコントロール

右サイドの味方から横パスをもらいます

前を向いてトラップし、正面からDFが寄せてきている状態です

俯瞰アングル

右サイドの味方がDFに追い込まれたところで、横パスをもらう。左足で中側へコントロールし、ピッチ全体を見渡せるようにボールをキープする。そのタイミングで、前にいるFWがもらいに下がり、左サイドの味方がディフェンスラインの裏へ走る。裏のスペースに落とすように浮き球のパスを通す。

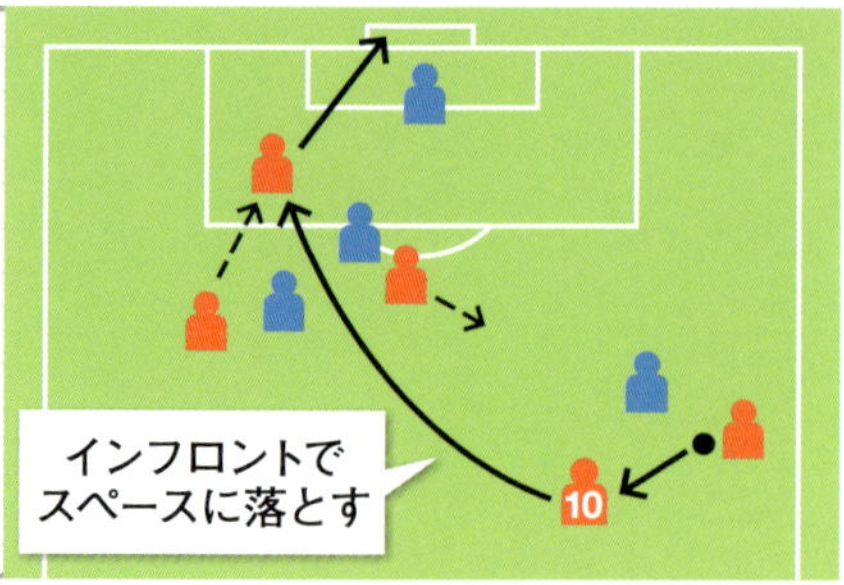

Kashiwagi Point

上体を立てて どこへでも出せる姿勢に

このシチュエーションでボールを持つ場合、ボールの持ち方が大切です。正面を向いて上体を立たせ、しっかりと顔を上げましょう。広い視野を確保できるだけでなく、DFにとってはどこへでもパスを出されてしまう状態なので対応が難しくなります。

ボールを左に持ち出し、逆サイドの味方の状態を確認します

DFラインの背後に浮き球のロングパスを送ります

浮き球のロングパスで DFの背後を一発で狙う

ゲームメーカーが中央で前を向いてボールをキープできた瞬間は、前にいるFWだけではなく、逆サイドを走るMFやSBにとっても走るタイミングになります。

特に相手が一方のサイドに寄っている場合、ゴール前の密集したエリアにボールを入れるよりも、大きくスペースが空いている逆サイドに展開するほうが、さらに守備を揺さぶることができるので、チャンスが生まれやすくなります。

また、逆サイドのスペースはDFの背後をとりやすいので、浮き球のパスで裏に落とすように展開できると、深くサイドをえぐるような攻撃が狙えます。

攻撃の組み立て（チャンスメーク） CHAPTER 6 4

DFとDFの間に入った選手にパス

このプレーに必要な技術 chapter1-2 インサイドキック（ロング） chapter3-6 相手から離れる

1

左サイドの選手がサイドに張るようにポジションをとります

2

ゲームメーカーが前を向いてボールをキープします

俯瞰アングル

右サイドでボールを持った味方のサポートに入り、バックパスをもらう。目の前のDFが寄せてきている。身体を開きながら左足で中側へコントロールしてルックアップ。このタイミングで左サイドの味方が相手のSBとCBの間のスペースへ斜めに走り込むので、足元へ速いパスをつける。

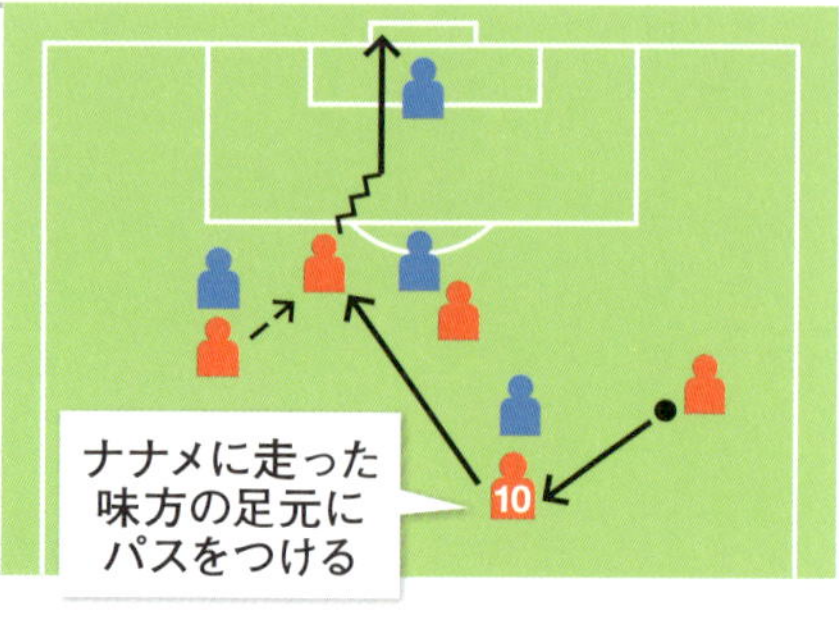
10
ナナメに走った
味方の足元に
パスをつける

Kashiwagi *Point*

ファーストタッチで顔を上げてコントロール

受け手が走り出すタイミングは、パスの出し手がボールをキープして顔を上げた瞬間です。ただ、顔を上げるのは受け手への合図だけではありません。ファーストタッチで顔が上がると周りの状況をよく把握でき、DFも寄せることができなくなります。

3

そのタイミングでサイドからDFとDFの間のスペースへ走り込みます

4

DFとDFの間のスペースにスルーパスを通し、裏へ抜け出します

DFの距離を開けてスペースを狙う動き

相手のディフェンスラインのCBとSBの間を広げて、生まれたスペースに味方が走り込むパターンの攻撃です。

まずCBとSBの距離を開けるために味方がサイドに開いてポジションをとります。そこに相手のSBが対応するために開きますが、CBは自分のマークが中央にいるのでスライドできません。

SBとCBの距離が開いたところへゲームメーカーが前を向いてボールをキープ。そのタイミングでサイドへ開いた味方が間のスペースに走り込み、そこへスルーパスを通します。

SBは置いていかれてしまい、GKと1対1の状態をつくることができます。

攻撃の組み立て（チャンスメーク）　CHAPTER 6 5

カウンターで運んでDFライン裏にスルーパス

このプレーに必要な技術　chapter 1-1 インサイドキック（ショート）　chapter 3-3 背後のマークを牽制する

1

カウンターからドリブルで持ち上がっている状態です

2

正面のDFに向かってドリブルし、相手はパスかドリブルか様子を見ています

俯瞰アングル

カウンター攻撃を仕掛け、ドリブルで持ち上がっている状態。左右に味方が走り込み、目の前には2人のDFが待ち構えている。DFに突っ掛けるように持ち出し、DFが食いついてきた瞬間に、右の味方の前のスペースへスルーパスを通す。DFは重心が前にあるので、パスには反応できない。

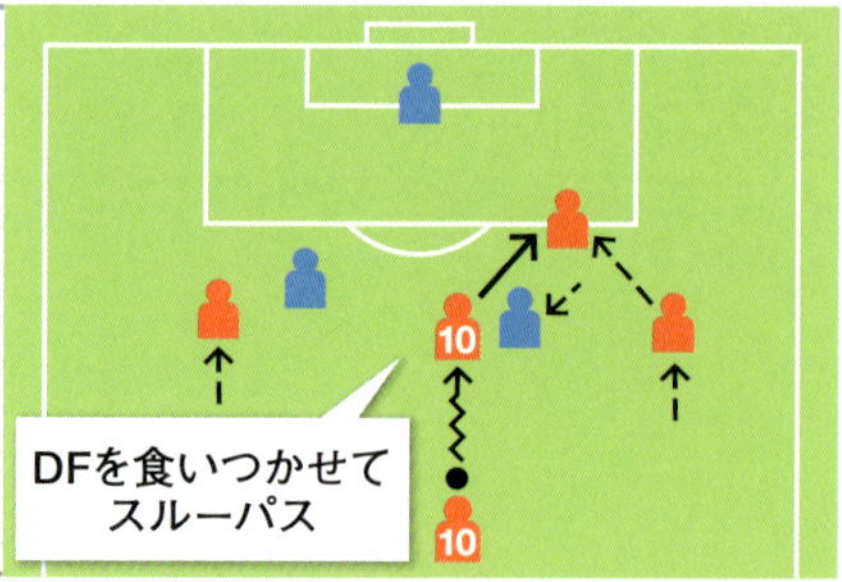
10
10
DFを食いつかせて
スルーパス

Kashiwagi Point

相手の対応を見てプレーを選ぶこと

ここでのポイントはDFの動きをよく見ることです。ドリブルに対応しようと足を止めたら裏へスルーパスを通し、ズルズル下がるようであればそのまま持ち上がるのも選択肢です。いずれにしても相手の対応をよく見てプレーを選びましょう。

正面のDFが2人で挟むために足を止めたところで……

その瞬間に背後のスペースにスルーパスを流し、右の味方が走り込みます

ドリブルで食いつかせ味方をフリーにする

相手から良い形でボールを奪い、複数人で素早いカウンター攻撃を仕掛けるシチュエーションです。

自分がカウンターの起点となり、ドリブルで持ち上がっている場合、マークを引きつけながら味方の選手をどれだけフリーにできるかが鍵となります。

相手と同数のときは、1人でも自分に多く引きつけることができれば、確実にフリーの味方が生まれます。

ドリブルで持ち上がり、DFが食いついてきたらその瞬間に裏へスルーパスを出し、食いついて来なければそのままドリブルで仕掛けるという2つの選択肢を持つことで、相手は対応が難しくなります。

攻撃の組み立て（チャンスメーク）　CHAPTER 6-6

カウンターで運んで浮き球パス

このプレーに必要な技術　chapter1-8 アウトサイドキック（ロング）　chapter3-3 背後のマークを牽制する

ドリブルでまっすぐにボールを持ち出していきます

右サイドの味方がボールを呼び込むように走り出します

俯瞰アングル

カウンター攻撃を仕掛けてドリブルで持ち上がり、左右に味方が2人走り、目の前にDFも2人いる状態。右サイドへ向かってボールを持ち出し、相手の守備陣形が右サイドへ重心が動いた瞬間に、左のアウトサイドキックで、左サイドの味方に浮き球のパス。相手は逆を突かれて反応が遅れてしまう。

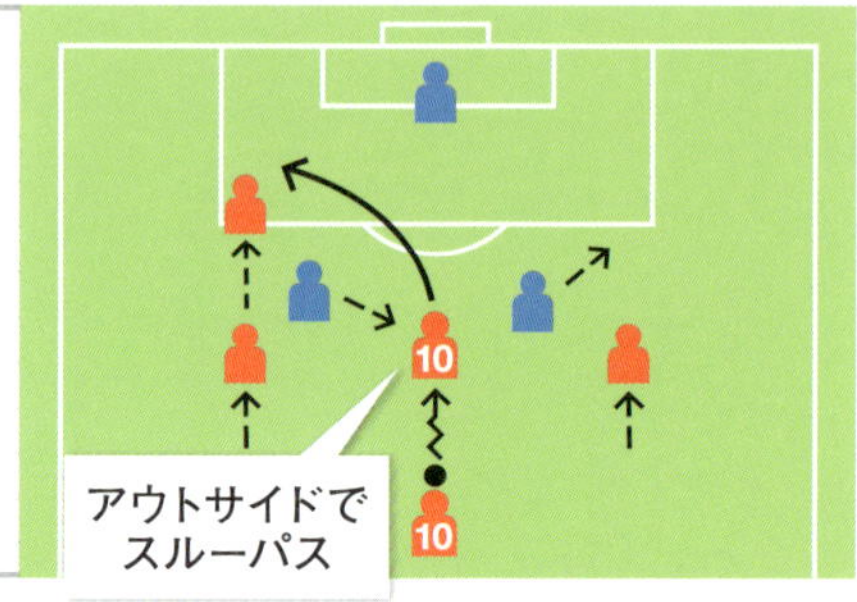

Kashiwagi Point

相手に読まれづらいアウトサイドでパス

こういったシチュエーションでパスを出すとき、相手にパスを出すタイミングを読まれないことが大切です。この場合、左足のアウトサイドを使うとモーションがコンパクトなので、DFは予測して対応するのが非常に難しくなります。

DF全体の重心が右に寄った瞬間を見極めて……

左サイドの味方を裏へ走らせるように浮き球パスを出します

相手を右に動かして左の裏を狙う浮き球パス

サイドの味方とのコンビネーションで、相手の守備全体を動かす攻撃のパターンです。右サイド寄りのエリアからドリブルで持ち出し、右サイドには味方がフリーの状態で開いています。

この時、相手はそのままドリブルで突破してくることを警戒しながら、サイドにパスが出た瞬間に対応できるよう準備しています。

ここでゲームメーカーは右サイドのほうへボールを持ち出しながら、パスをするようなボールの持ち方をしていきます。相手がそれに合わせて全体を右サイド側へスライドした瞬間を狙って、浮き球パスで逆サイドの味方を裏へ走らせます。

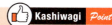

攻撃の組み立て（チャンスメーク） CHAPTER 6 7

横パスをワンタッチでスルーパス

このプレーに必要な技術 chapter3-4 一気にスピードを上げる chapter3-5 ボールを迎えに行く

1
左サイド深くで味方がボールをキープしている状態です

2
ゲームメーカーが一瞬マークを外してパスを受けに行きます

俯瞰アングル

左サイドを味方がドリブルで持ち上がっている。相手に寄せられて内側へキープした瞬間に、左サイドに寄ってマークを外しながらサポートに入る。横パスを出すと、サイドのDFが一瞬中へ釣られるので、背中を取るように裏のスペースに走り込む。そこへダイレクトのワンツーでスルーパスを通す。

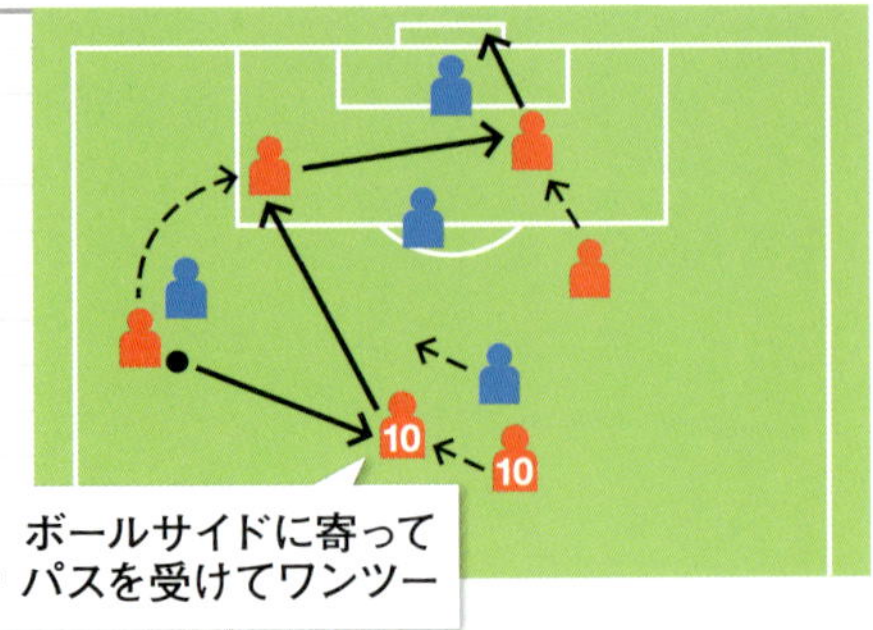
10
10
ボールサイドに寄って
パスを受けてワンツー

出し手が受け手に合わせてパスをコントロール

ディフェンスラインの裏や、ペナルティエリア内の狭いスペースではコースはもちろん、タイミングやスピードなど繊細なパスが要求されます。受け手の状況に合わせたパスが出せるように、出し手側が気をつけてコントロールしましょう。

3

左サイドの味方は横にパスをして、縦のスペースに走ります

4

その走り込みに合わせてワンタッチで裏へスルーパスを通します

マークを外す動きでワンツーの時間をつくる

左サイドの味方と2人の関係で崩していくパターンです。味方が左サイド深くでボールをキープした状態です。ゲームメーカーが左サイドへサポートに行かなければ孤立してしまいます。

ここでゲームメーカーは、マークを一瞬外しながら、スペースでもらえる位置にサポートに入ります。左サイドの味方はそこへ横パスを出して縦へ走り、スルーパスで縦を突破します。

ここでのポイントは一瞬マークを外すことで、パスを受けるタイミングとスルーパスを出す時間がつくることです。マークを外さずに寄っていたらサイド攻撃は詰まってしまいます。

攻撃の組み立て（チャンスメーク） CHAPTER 6 8

横パスをスルーして自分が裏に抜ける

このプレーに必要な技術 chapter3-5 ボールを迎えに行く chapter3-10 味方のパスコースに入る

1

左サイドで味方がキープしているところで走り込みます

2

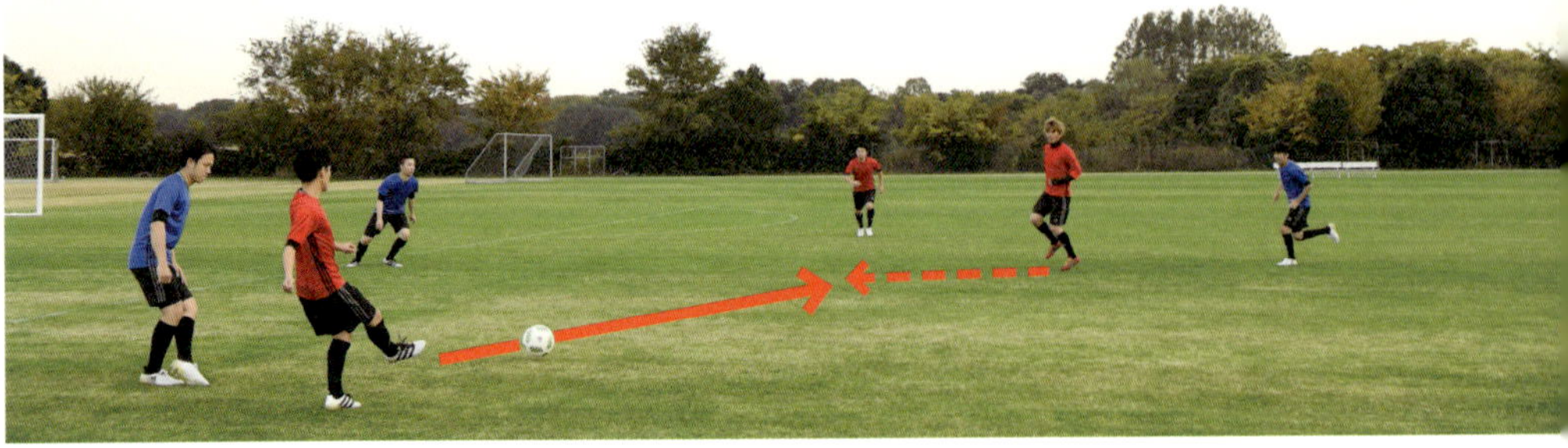

スペースでフリーになったところに横パスをもらいます

俯瞰アングル

左サイドで味方がボールをキープしている。内側へボールをコントロールしたタイミングで、バイタルエリアに走り込む。そこへ左サイドから横パスがくるが足元にきたところでスルー。ボールは奥の味方に通り、DFは手前に食いついてしまっている。そのまま裏に走り込み、スルーパスをもらう。

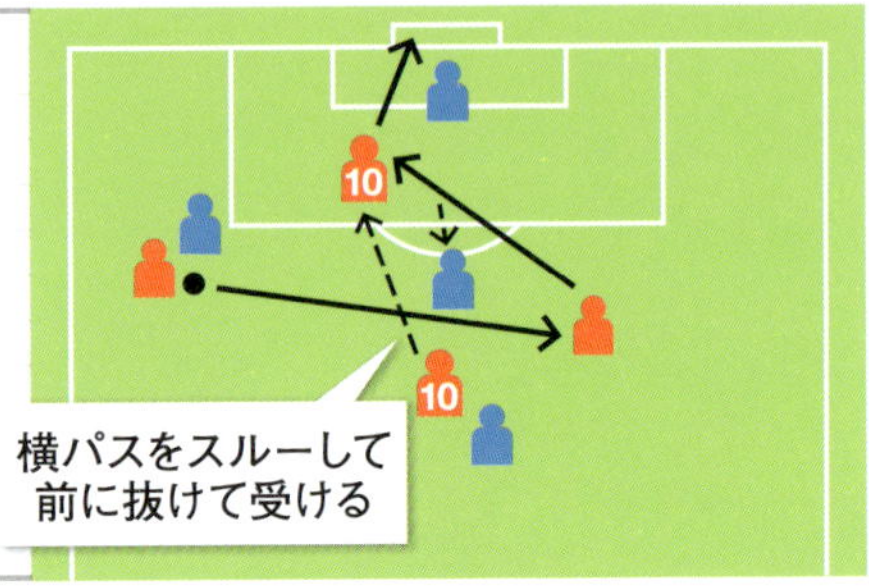
10
10
横パスをスルーして
前に抜けて受ける

Kashiwagi Point

触ると思わせるように
ギリギリでボールをまたぐ

スルーのコンビネーションをうまく決めるポイントは、相手に最後まで触るように思わせることです。そのために、ギリギリまでボールに触れるようにまたぐことです。相手は実際にボールが流れるまで判断するのが難しくなります。

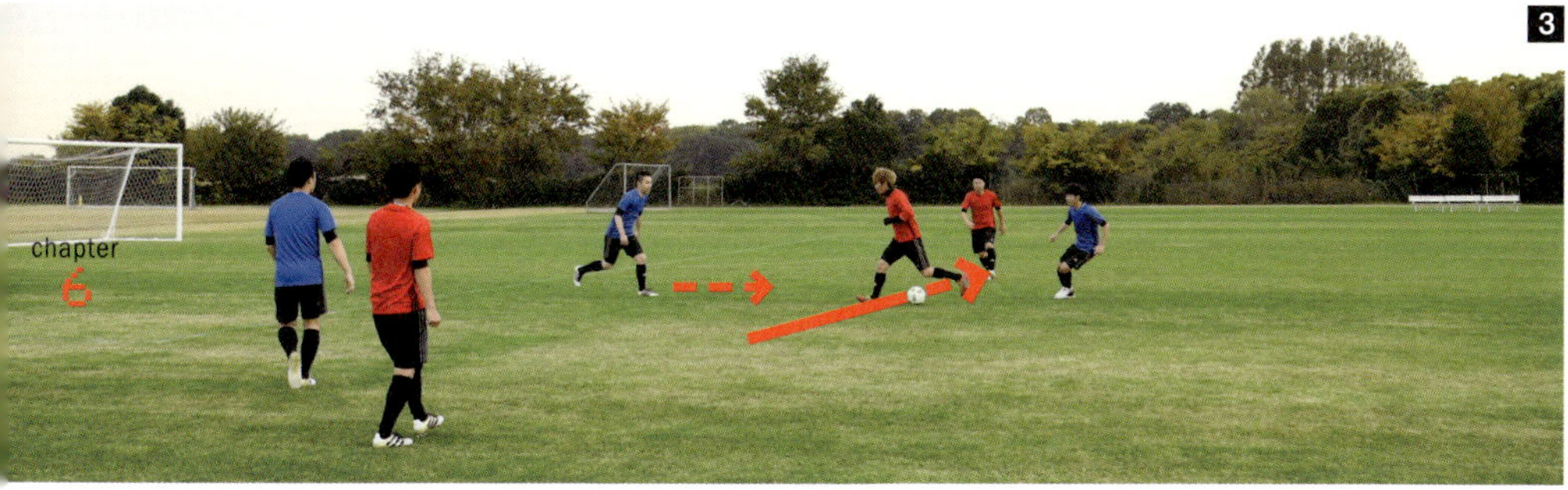

足元にボールがきたところで、触らずにスルーします

スルー後、奥の味方からDFの背後へパスをもらいます

ゴール前のスペースに走りDFを欺くようにスルー

バイタルエリアにフリーの状態で2列目からゲームメーカーが走り込んでくることは相手のDFにとっては非常に嫌なプレーになります。

そこにもう1つアイデアが加わることで、さらに守備陣形は崩れ、大きなチャンスにつながります。

例えばこのコンビネーションのように、サイドで味方がボールをキープしたタイミングで2列目から走り込み、DFの注意を引きつけます。足元に来たところでスルーするとDFは反応できず、陣形が崩れたところにスペースが生まれます。そこへ奥にいる味方からダイレクトのパスが出てくれば、決定的なシュートチャンスがつくれます。

攻撃の組み立て（チャンスメーク） CHAPTER 6 9

サイドでタメをつくって ファーへ浮き球パス

このプレーに必要な技術 chapter 1-3 インフロントキック（ライナー） chapter 2-3 スペースに流すコントロール

1

右サイド深くで味方がボールをキープし、そこへサポート

2

バックパスをもらい左足で中側へトラップします

俯瞰アングル

右サイド深くまで味方がボールを運び、DFに寄せられたところでサポートに入る。バックパスをもらい、中側へ身体を開きながらボールをコントロール。ルックアップしたところでFWが縦のスペースへ斜めに走り込み、ファーにできたスペースへもう1人が走り込む。そこへ浮き球のロングパスを通す。

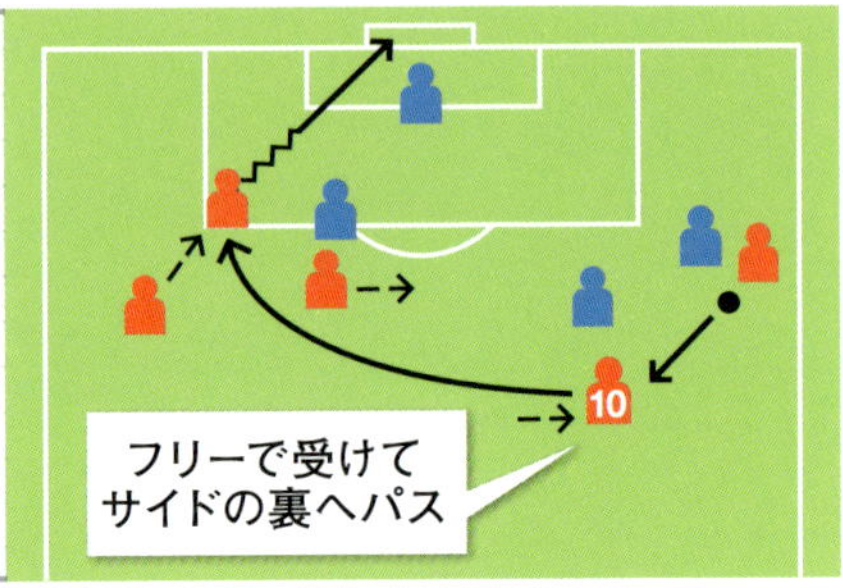

Kashiwagi Point

ゴールに向かって曲がる レフティのクロスボール

レフティが右サイドからクロスをあげると、GKから見て遠いアウトスイングになるため飛び出して対応するのが難しくなります。さらにボールはゴールに向かって勢いよく曲がってくるので、より難しい対応が強いられます。

一番奥のファーサイドに味方が走り込んでいます

インフロントキックの浮き球でファーにクロスを上げます

サポートに入って逆サイドを狙ったパス

サイドの味方が敵陣深くまでボールを運んだところへゲームメーカーがサポートに入る場面です。相手が同サイドに集まっている状態では、逆サイドのスペースへ展開することもゲームメーカーが考える選択肢の1つです。

特にゴール前でのファーへのロングパスは、相手はボールとゴールを同時に視野に入れることができないので、対応が難しくなります。

さらにサイドでタメをつくることで、逆サイドのサイドハーフやSBがゴール前に侵入する時間が生まれます。

近年のサッカーでは、SBがゴール前まで上がり、得点するシーンは珍しくないので、狙えるようにしましょう。

攻撃の組み立て（チャンスメーク） CHAPTER 6 10

サイドでタメをつくって角度をつけたノールックパス

このプレーに必要な技術 chapter1-2 インサイドキック（ロング） chapter3-6 相手から離れる

バイタルエリアでボールを持つ味方のサポートに入ります

横パスを受けて、それに対して相手が詰めてきます

俯瞰アングル

右サイドで味方がボールをキープし、相手に縦を切られたところへサポートに入る。バックパスをもらい、中側へ身体を開きながらコントロール。このタイミングでファーの味方が裏へ走り込み、DFがそちらへ釣られた瞬間に中央のFWが斜めに縦のスペースに走り込む。ノールックでスルーパスを通す。

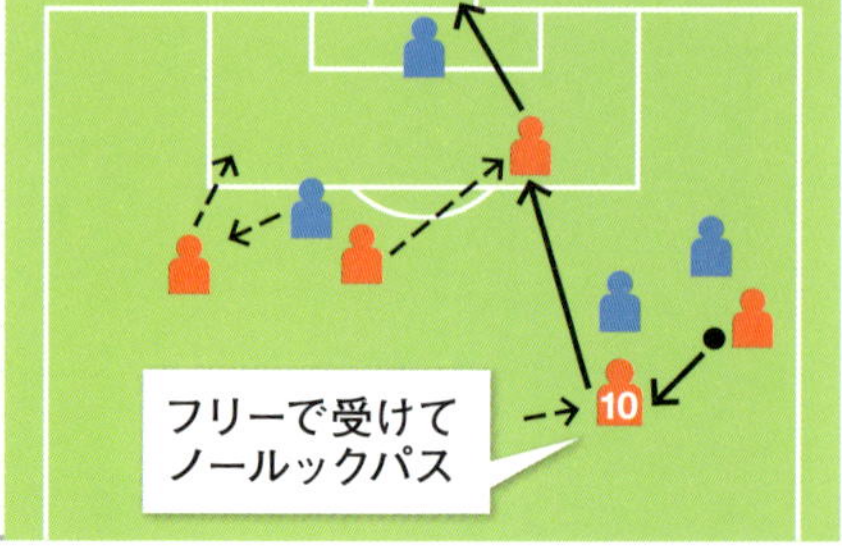

Kashiwagi Point

ノールックパスは
身体全体で相手をだます

ノールックパスの狙いはDFの予測を混乱させる、あるいは予測させないことにあります。自分がパスを出したい方向とは反対側に顔を向けるだけでなく、身体の向き、つま先まで反対側に向けているとDFはより予測が難しくなります。

前を向いてトラップし、DFと正対するようにコントロール

ノールックパスで視線や身体とは逆の方向へスルーパス

ノールックパスで相手の予測の裏をかく

バイタルエリアで前を向いてボールを持った時、DFはシュートやスルーパスなど、ゴールに向かって行くプレーに対して最大限に警戒し、対応していきます。そこでゲームメーカーにはどれだけアイデアのあるプレーができるかが求められます。

対応するDFはゲームメーカーのボールの持ち出し方、身体の向き、視線などあらゆる情報から次のプレーを予測します。チャンスをつくるにはそれを逆手にとって予測の裏をかくプレーが必要です。

その1つとしてノールックパスは効果的です。このプレーのように身体の向きと視線で相手に逆を見せ、ノールックパスを通しましょう。

攻撃の組み立て(チャンスメーク) CHAPTER 6 11

3人が絡んで バイタルエリアを崩す

このプレーに必要な技術 chapter3-4 一気にスピードを上げる chapter4-1 DFの背中をとる

中央から右サイドの味方にパスを出します

右サイドから前線の味方に斜めのパスを出します

俯瞰アングル

中央でボールをキープし、右サイドの味方へ寄るように持ち出す。右サイドへパスを送り、相手はボールサイドにスライドするので、中へ走る。右の味方はダイレクトで中央のFWへクサビのパスを入れ、FWからダイレクトで落としをもらう。左サイドから味方が走り込んでいるので、スルーパスを通す

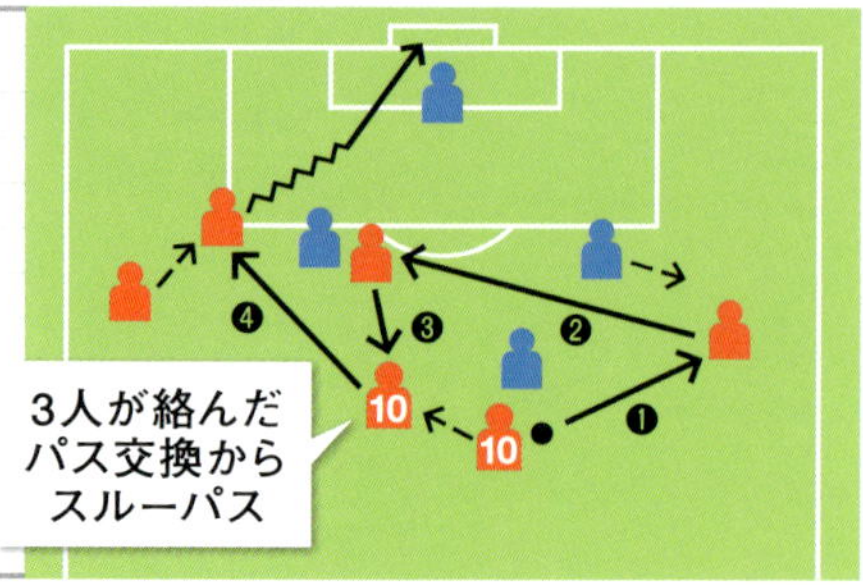

Kashiwagi Point

自分がパスを受けるためのスペースを空ける動き

右サイドへパスを出す時、サポートに入るように右サイドへ寄ることで、次に自分がパスを受けるためのスペースをつくることが大切です。サイドに寄れば、自分のマークもサイドにスライドさせ、中央のスペースを空けることができます。

そのパスに合わせて中央のスペースへ走り込みます

フリーの状態で前線から落としをもらいます

横の揺さぶりでゴール前のスペースを空ける

中→サイド→中といった相手の守備陣形を揺さぶるコンビネーションは、密集地帯となるバイタルエリアを崩すために有効な攻撃手段です。

　このコンビネーションでは、ボールを横に動かすことで、DFのポジションを横にスライドさせ、スペースをつくってそこへ侵入していきます。

　まず中央でボールを持った状態から右サイドの味方に寄りながらパス。ここで相手は全体的に右へスライドします。そこで前線の味方が斜めのパスコースに顔を出し、そこへパスを出します。ゲームメーカーは同じタイミングで中央のスペースに走り込み、フリーの状態で落としをもらいましょう。

攻撃の組み立て（チャンスメーク）　CHAPTER 6 12

フリックからのコンビネーション①
DFの前に入ってワンツー

このプレーに必要な技術　chapter 1-1 インサイドキック（ショート）　chapter 3-5 ボールを迎えに行く

1

縦パスをやや身体を斜めにして呼び込みます

2

ボールをタッチすると見せかけてワンタッチで斜め前にパス

俯瞰アングル

中央でDFを背負いながらボールをもらいに下がる。そこへ縦パスが入り、身体をやや半身にしながらDFが食いついたところで、左足でフリック。左斜め前にいるFWへパスを通し、そのまま反転して右のスペースへ走り込む。FWからワンツーを折り返してもらい、ゴールに向かって持ち出す。

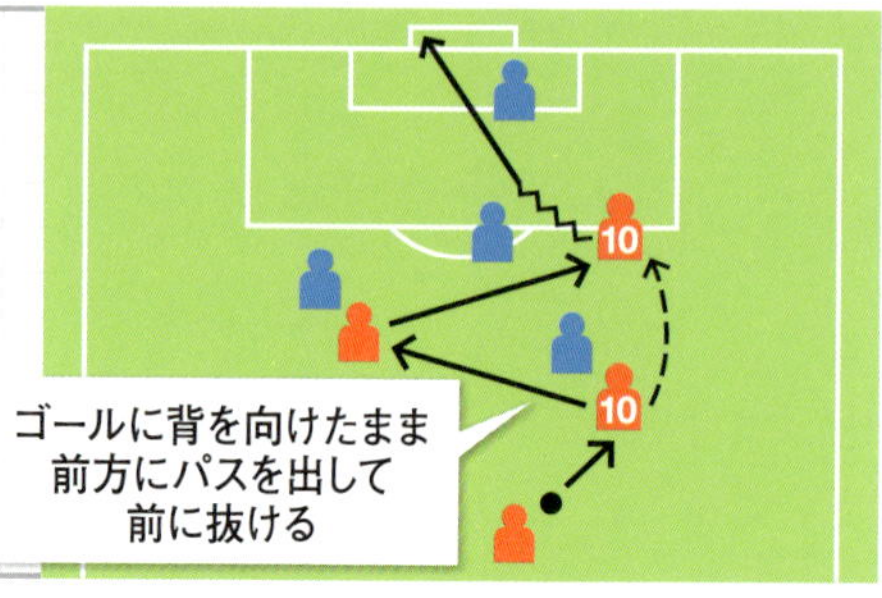
10
10
ゴールに背を向けたまま
前方にパスを出して
前に抜ける

Kashiwagi Point

ボールに触る直前で半身の姿勢になる

フリックを成功させるポイントは、自分がボールを出す方向を相手に読ませないことです。ゴールに対して背を向けて、バックパスを出すのではないかと見せかけて、ボールに触る直前で半身の姿勢になって縦パスを入れます。

パスをしたらボールとは逆サイドへ走り、マークを振り切ります

スルー後、奥の味方からDFの背後へパスをもらいます

ボールをさらしてDFを食いつかせる

フリックからのコンビネーションは、マークの逆を突いて振り切るので、うまくできるようになれば、マークの厳しい中盤やゴール前というエリアでもフリーでボールを持てるようになります。

　このコンビネーションのポイントはボールを触るところを相手にさらしながら食いつかせるところです。

　縦パスに対してやや斜めに入っていきます。相手が食いついたところで前線の味方へフリックでパスを出し、その後にパスを出したほうとは逆に反転して縦のスペースに走り込みます。フリーの状態で前線から落としをもらい、前を向いた状態でゴール前に侵入できます。

攻撃の組み立て（チャンスメーク）　CHAPTER 6 13

フリックからのコンビネーション②
スルーから裏に飛び出す

このプレーに必要な技術　chapter3-5 ボールを迎えに行く　chapter3-10 味方のパスコースに入る

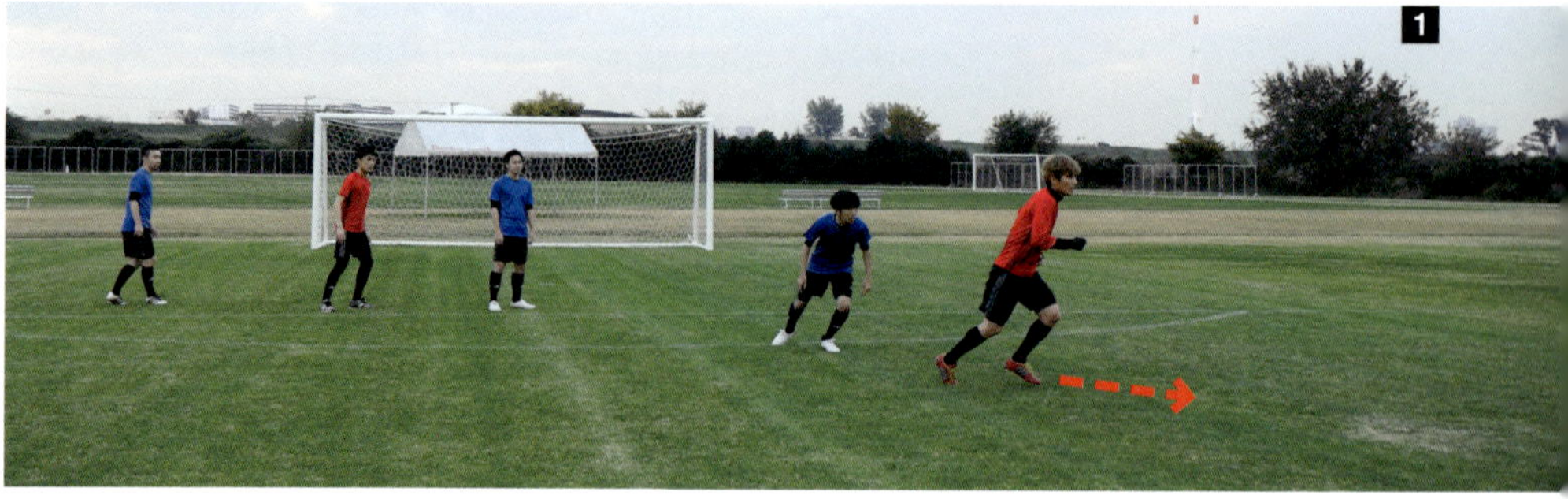
1

DFを背負った状態からパスを受けに下がります

2

ボールが足元にきたタイミングでスルーし、左に反転します

俯瞰アングル

左サイドで味方がボールをキープ。中央でDFを背負いながら、奥の味方へのパスコースに入るようにボールをもらいに寄って行く。そこへ横パスが入り、足元に入るところでボールをまたぐようにスルー。そのまま反転して縦のスペースへ走り込み、奥の味方から折り返しをもらってゴール前へ持ち出す。

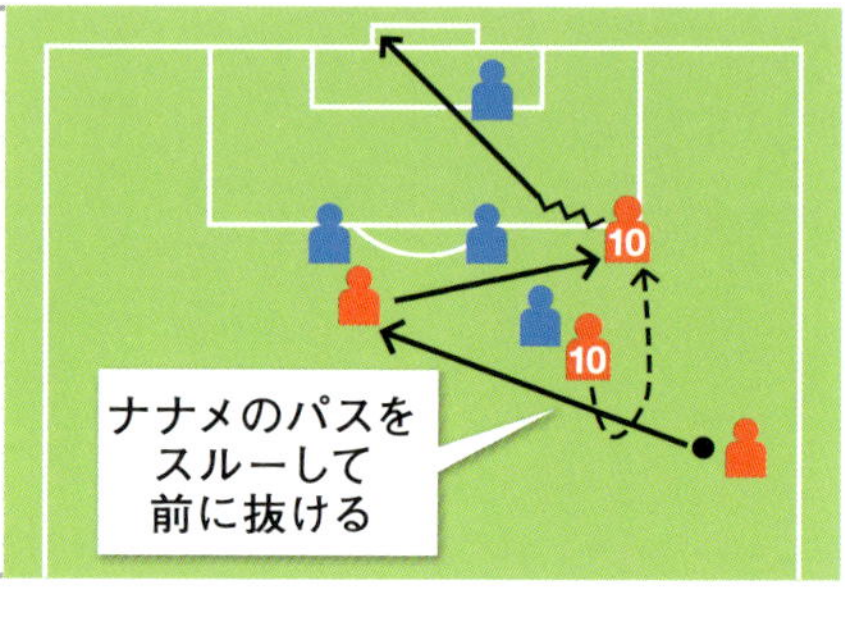
10
10
ナナメのパスを
スルーして
前に抜ける

Kashiwagi Point

ギリギリまで引きつけてDFを惑わすようにスルー

このフリックのポイントは、ギリギリまでボールを引きつけて最後までDFに判断がつかないようにすることです。直前でスルーされることで、DFはマーカーに釣られてボールに反応することができず、マーカーへの対応も遅れてしまいます。

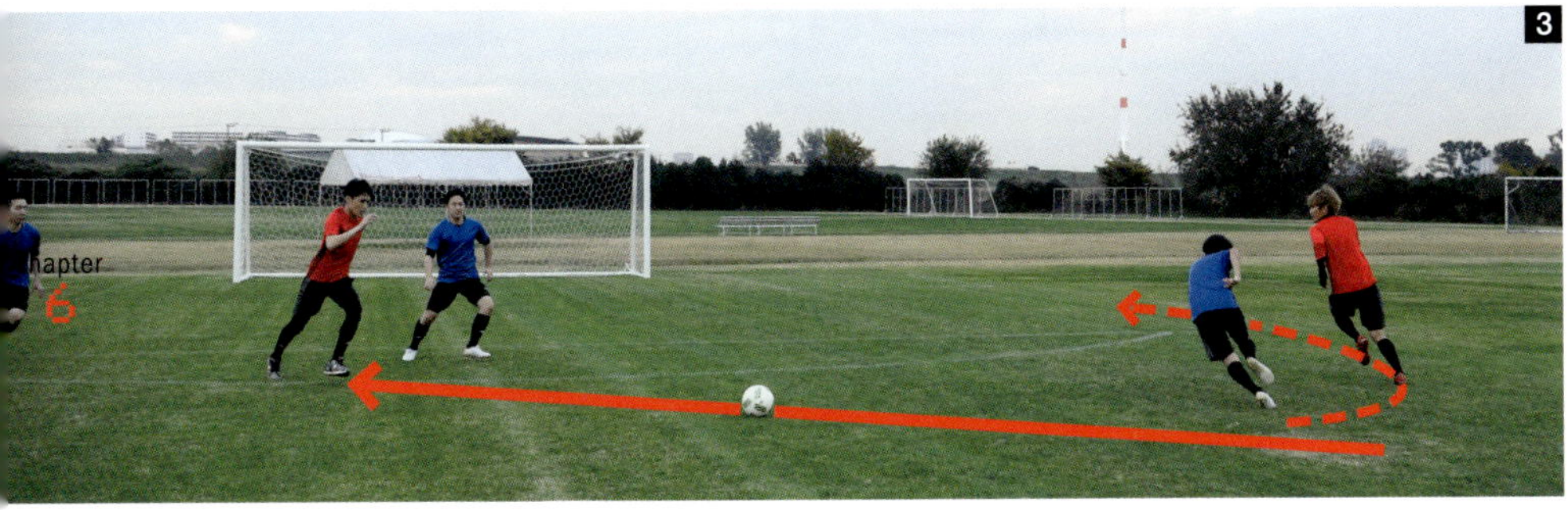

ボールを後ろの味方へ。釣り出してできたスペースに走ります

味方からダイレクトで落としをもらいます

ボールには触れずに動き出しのキレで誘う

フリックからのコンビネーション①は、球際にDFを食いつかせてフリックするというものでした。

コンビネーション②では、ボールに触らずに自分の動きだけで釣り出し、DFを惑わして崩していきます。

ポイントはボールを触る直前に、素早くボールとは逆側へターンすることです。動き出しのアクションが素早く、大きければそれだけDFは釣られてしまいます。

DFは急に動かれたことで反射的について行ってしまいますが、ボールに触っていないことがわかると一瞬判断に迷います。それが判断の遅れとなり、次のところでフリーでパスを受けられます。

攻撃の組み立て（チャンスメーク）　CHAPTER 6 14

フリックからのコンビネーション③ ノールックで縦パス

このプレーに必要な技術　chapter3-5 ボールを迎えに行く　chapter4-1 DFの背中をとる

1

縦パスを受けるタイミングで、横からDFが寄せてきています

2

左足のヒールで縦にボールを流します

俯瞰アングル

味方が中央でボールをキープしている。右斜め前からパスを受けに行き、そこへDFが中央側から寄せにきている。足元に入ったパスを左足のヒールで、ダイレクトで縦へ流す。DFの背中を取るように中へ走り込み、縦パスを受けた味方からリターンをもらい、さらにFWへスルーパスを通す。

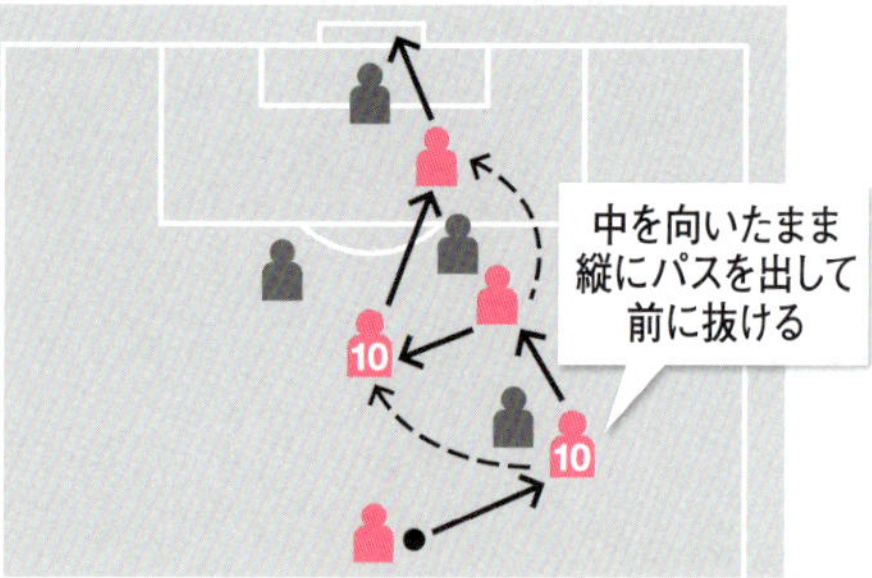
10
10
中を向いたまま
縦にパスを出して
前に抜ける

Kashiwagi Point

ギリギリまで食いつかせ 縦パスを読ませないヒール

縦にボールを流す時は相手から遠いほうのヒールを使います。身体を次に動く方向へ向けたままボールを流すことができ、次のアクションに移りやすくなります。DFをギリギリまで食いつかせたり、DFに縦パスを読まれにくいメリットもあります。

流したボールを前線が受け取り、横のスペースへ走ります

スペースでフリーとなり、前線の味方から落としをもらいます

横からのDFには縦に流すフリック

コンビネーション①、②では自分の真後ろからDFがマークについているシチュエーションでしたが、③では横または斜め後ろから寄せられている状況でのコンビネーションです。

DFが寄せてくる角度が変わるということは、フリックした後にできるスペースの位置も変わります。①、②では自分の背後にスペースができていましたが、③では横にスペースができます。その場合、ボールをフリックする方向は横方向ではなく、縦方向になります。

縦にボールを流すことでスペースから遠い位置にDFを動かし、よりフリーの状態で落としがもらえます。

COLUMN

柏木陽介にまつわるキーワード

ベストイレブン

　2016シーズン、柏木陽介はキャリア12年目にして初めてJリーグのベストイレブンを受賞した。これまで優秀選手には何度もノミネートされていたが、ベストイレブンには惜しくも手が届かなかった。

　だが、心機一転、10番を背負った16シーズンは攻守にわたってチームを力強く引っ張り、Jリーグ2ndステージとYBCルヴァンカップで2つのタイトルをクラブにもたらした。誰が見ても文句なしの受賞となった。

CHAPTER 7

セットプレー

均衡した試合になればなるほど重要度が高まるのがセットプレー。
相手の守り方に合わせて狙いを変える、フリーキックでの約束事など、
セットプレーの成功率を上げる方法を明かす。

SET PLAY

CHAPTER 7

セットプレーは貴重な得点チャンス!

セットプレーは、どんなチームにとっても貴重な得点チャンスです。流れの中でうまく決定機をつくれないとしても、1回のセットプレーで得点し、勝ちをものにしてしまうという試合は珍しくありません。

質の高いボールを蹴れる選手がチームに1人いるだけで、得点になる可能性は格段に高まります。キッカーの質がもっとも重要ですが、キッカーの狙うべきポイントやチームの約束事を理解することともセットプレーにおいてはとても大切です。

セットプレーでまず注意をすることは相手の守り方です。ゴール前のエリアをマンツーマンで守るのか、ゾーンで守るのか、を把握する必要があります。相手がどう守っているかで、キッカーの狙う場所や中の味方がどう動くべきかが変わってくるからです。

そしてもう1つはキッカーの狙うべきポイントです。

コーナーキックでは、どの味方に合わせるべきなのかが重要になります。ニアで合わせるのか、またはファーから折り返すのか。相手の位置やチームの約束事で蹴るべきポイントは変わります。フリーキックの場合、味方に合わせるだけでなく、直接狙うチャンスもあります。

この章で解説するセットプレーのベーシックなパターンや狙うポイントを理解して、質の高いボールが蹴れるようにしましょう。

セットプレー　CHAPTER 7 1

コーナーキック
ゾーンで守っている場合

選手間の隙間にボールを落とす

コーナーキックで相手がゴール前のエリアをゾーンで守っているシチュエーションです。ゾーンの場合、相手選手はそれぞれ自分のエリアにきたボールをクリアします。

　ゴール前のエリアを均等にカバーができる守り方である一方、選手間の隙間は対応が曖昧になりがちです。

　キッカーはその隙間を狙ってボールを入れるのが、ゾーンに対してのセオリーです。味方の選手も隙間に入り込むように走るので、そこへピンポイントで合わせるボールを入れるとチャンスになります。ただ、正確に間に蹴らなければ、簡単にクリアされるので高いキック精度が求められます。

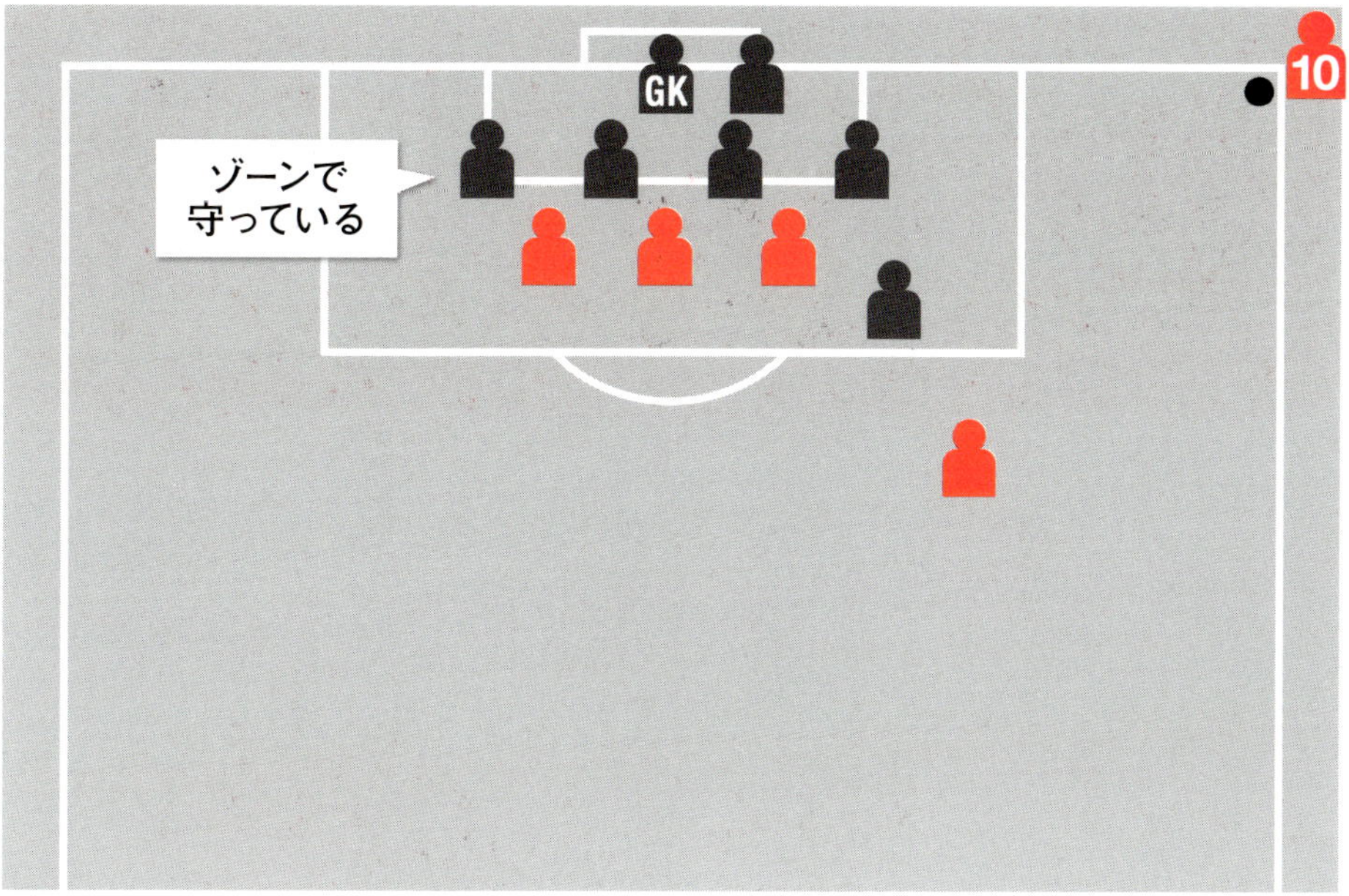

1 守備側はペナルティボックス内に選手を均等に並べて、ゾーンで守っている状態です

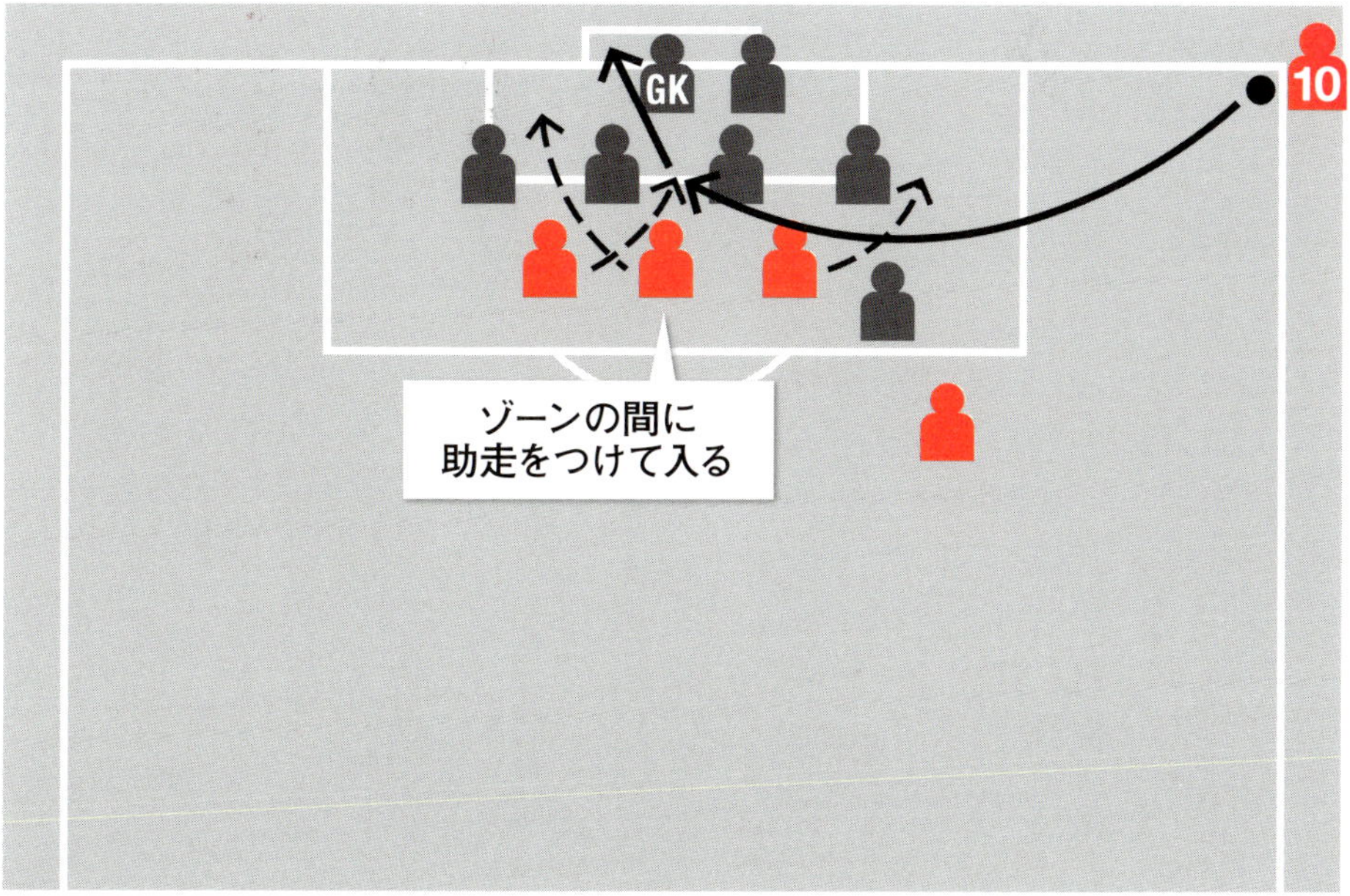

2 選手間の隙間をついて味方が走り込むので、その隙間へボールを蹴ると味方が合わせることができます

セットプレー　CHAPTER 7 2

コーナーキック
マンツーマンで守っている場合

ニアですらせて ファーで合わせる

マンツーマンはそれぞれが対応するので、ゾーンの時とは違いどこに走り込まれても対応が曖昧になることがありません。ただ、混戦の中で選手同士がぶつかってしまったり、変則的な動きでマークが外れるとフリーになりやすくなります。また、マークとボールの行方を同時に追うのは難しく、マークをつかまえきれなかったり、ボールが見えていないこともあります。

そうしたことを利用して、ニアに1人が走り込み、そこへ素早いボールを合わせます。それをニアですらせ、ニアに意識がいったところにファーの選手が詰めるという形はマンツーマンで得点になりやすい形の1つです。

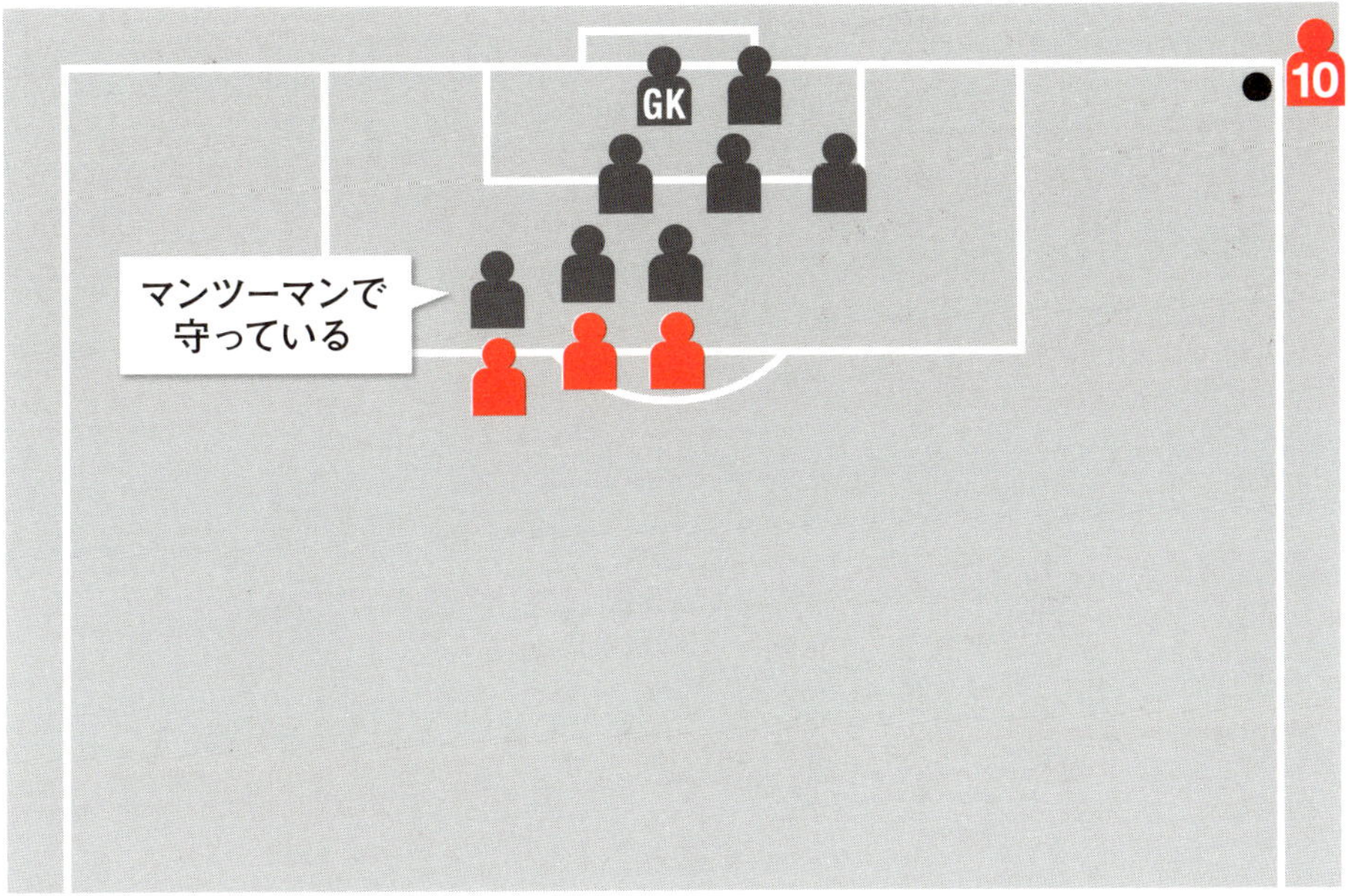

1 ペナルティエリア内の味方に対して、相手がマンツーマンでマークについている状態です。

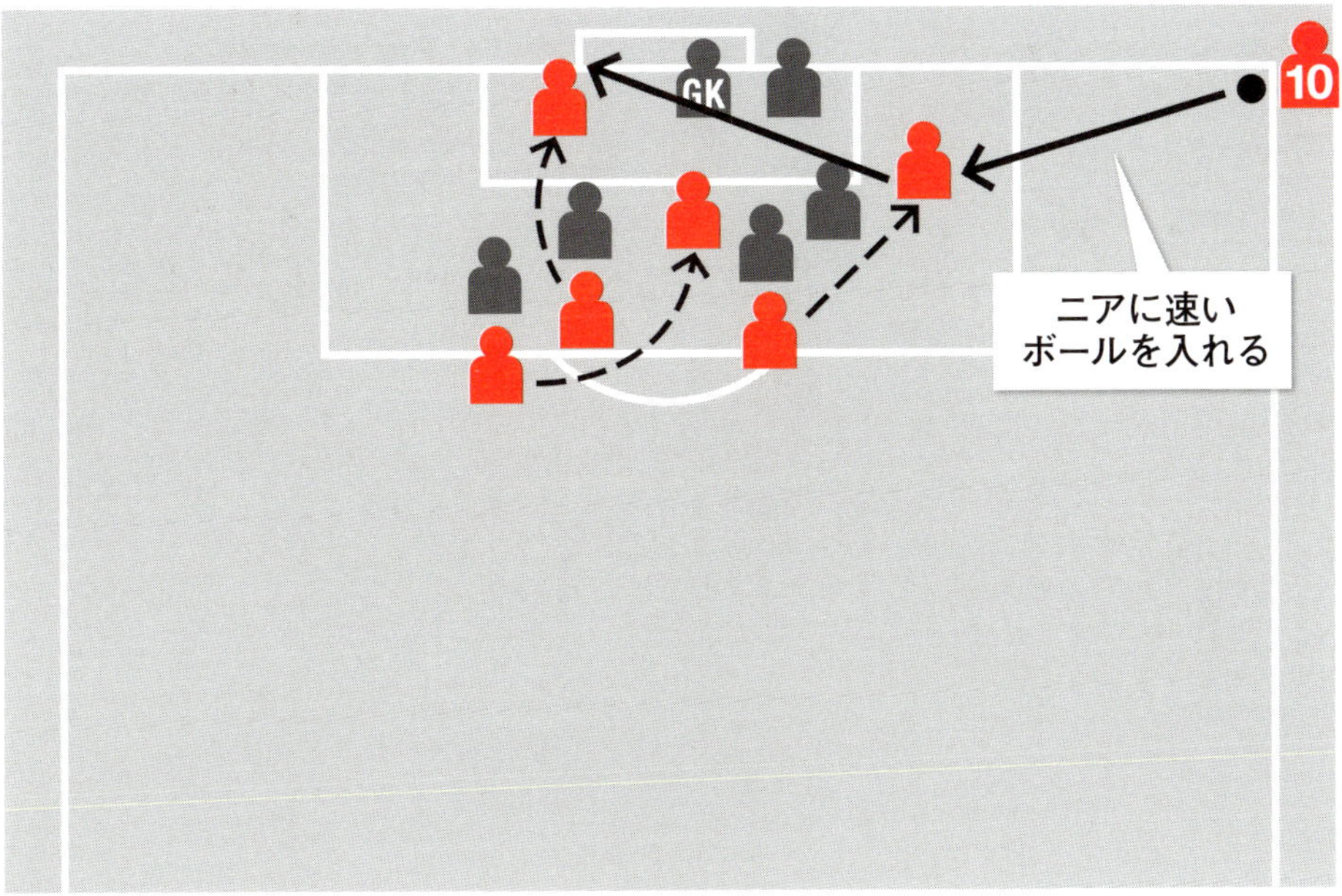

2 1人がニアに走り込み、そこへボールを合わせます。すらしてファーに流し、ファーに走りこんだもう1人が詰めます。

セットプレー　CHAPTER 7 3

コーナーキック
ショートコーナー

意表を突いて中にできたギャップを狙う

直接ゴール前にボールを入れるのではなく、近くの味方にパスを出してからクロスを入れるショートコーナーもコーナーキックでよく使われるパターンの1つです。

ショートコーナーを狙うメリットは、直接入れる時よりもゴールからの角度ができるので、直接ゴールに向かっていくボールを蹴ることができます。

また、ボールの位置が変われば守備側はポジションを修正しなければならないため、ギャップができたり、マークがズレたりすることもあります。直接くるボールに対して準備をしている相手は意表を突かれ、混乱したところを狙うのがショートコーナーです。

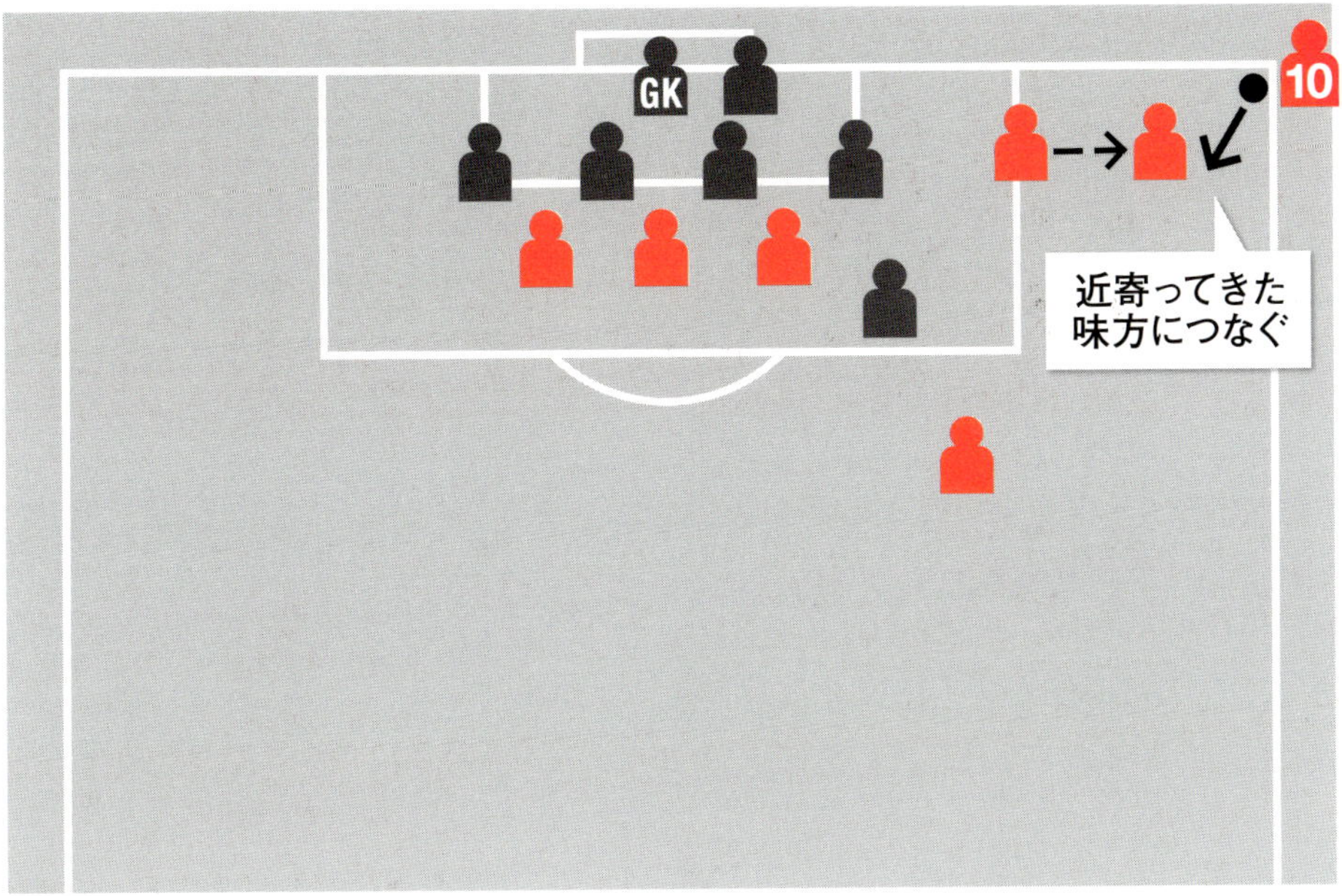

1 キッカーが蹴る直前、近くにいる味方がコーナー付近に寄って、キッカーからショートパスをもらいます。

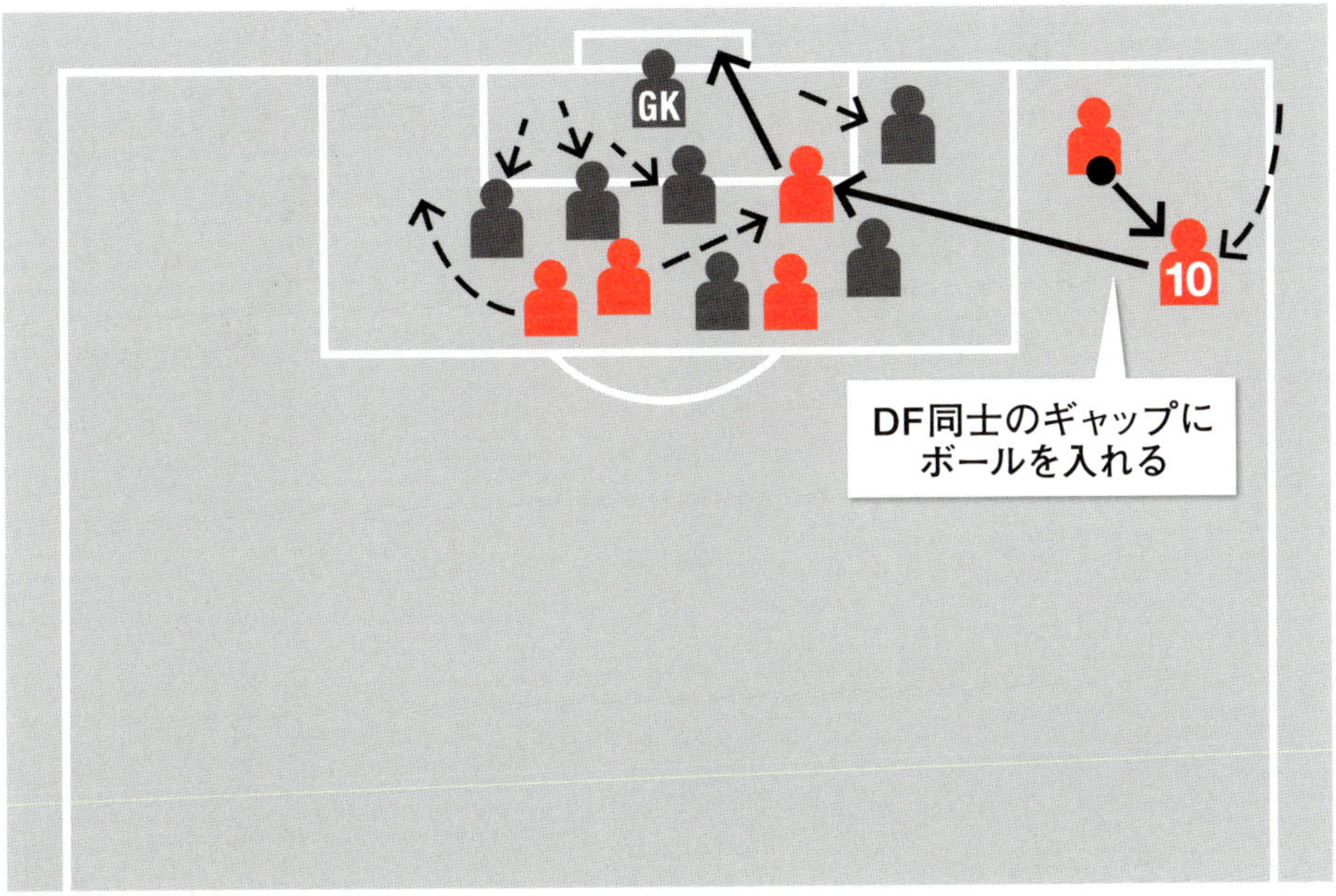

2 キッカーはパスを出したら戻るように回り込み、リターンをもらいます。中にできたギャップを狙いクロスを入れます。

セットプレー

CHAPTER 7 4

フリーキック ゴールから遠い位置

ファーサイドからの折り返しを狙う

ゴールから遠い位置でのFKでは直接狙うことが難しいので、味方の誰かに合わせてワンクッション入れてシュートを狙う形になります。

パターンの1つとして、ファーサイドにヘディングが強い選手（ターゲットマン）を置いて、そこへ合わせて折り返したボールを狙うというものがあります。

ファーサイドにボールを入れることで相手の守備全体の視線がボールサイドから逆サイドまで移り、そこから折り返すので相手の視線はさらに逆に動かされることになります。左右に2度振り回されるので、相手のマークはズレやすく得点になりやすいパターンになります。

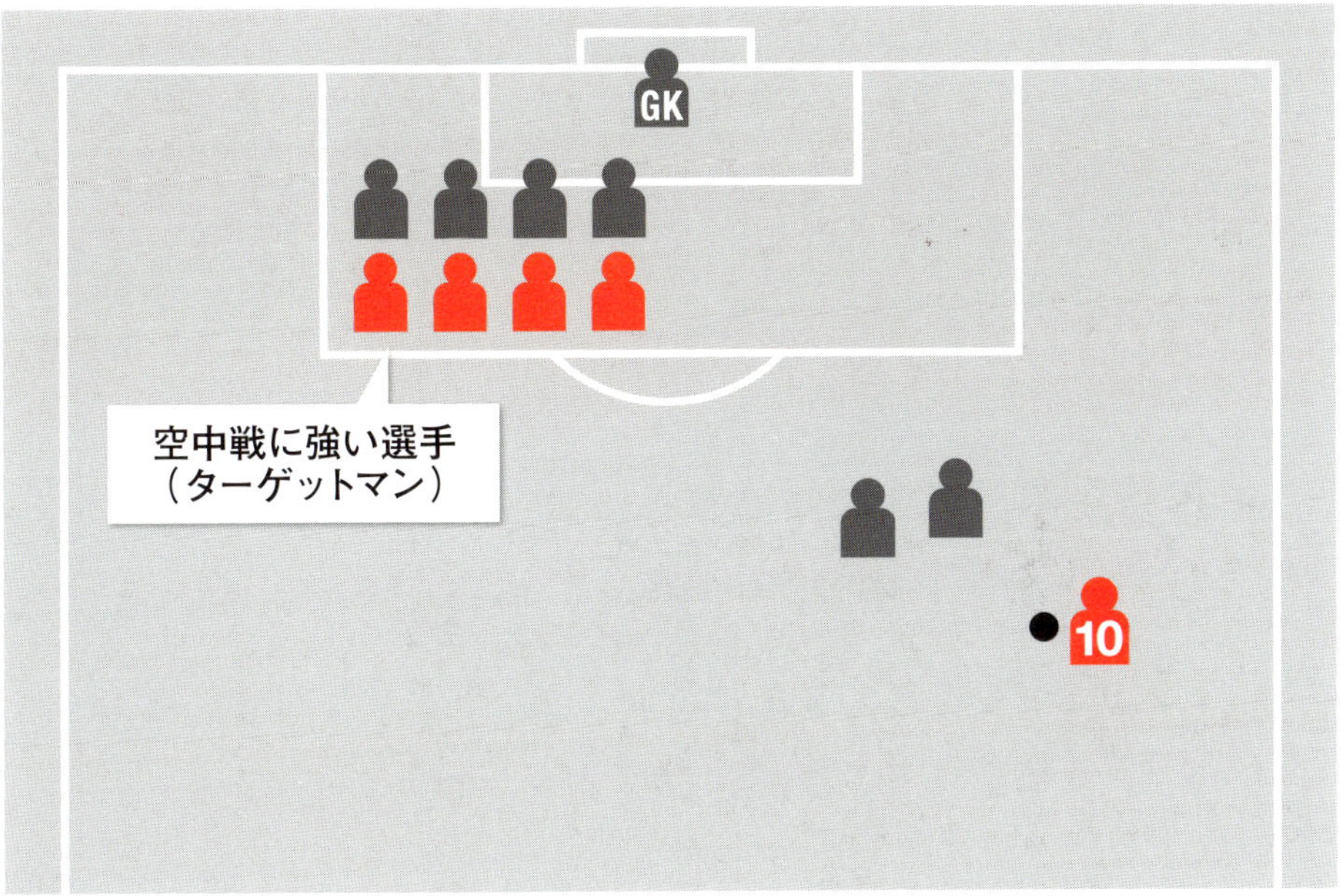

1 ゴールから離れたサイドからのFKです。ファーにヘディングの強い選手を置きます

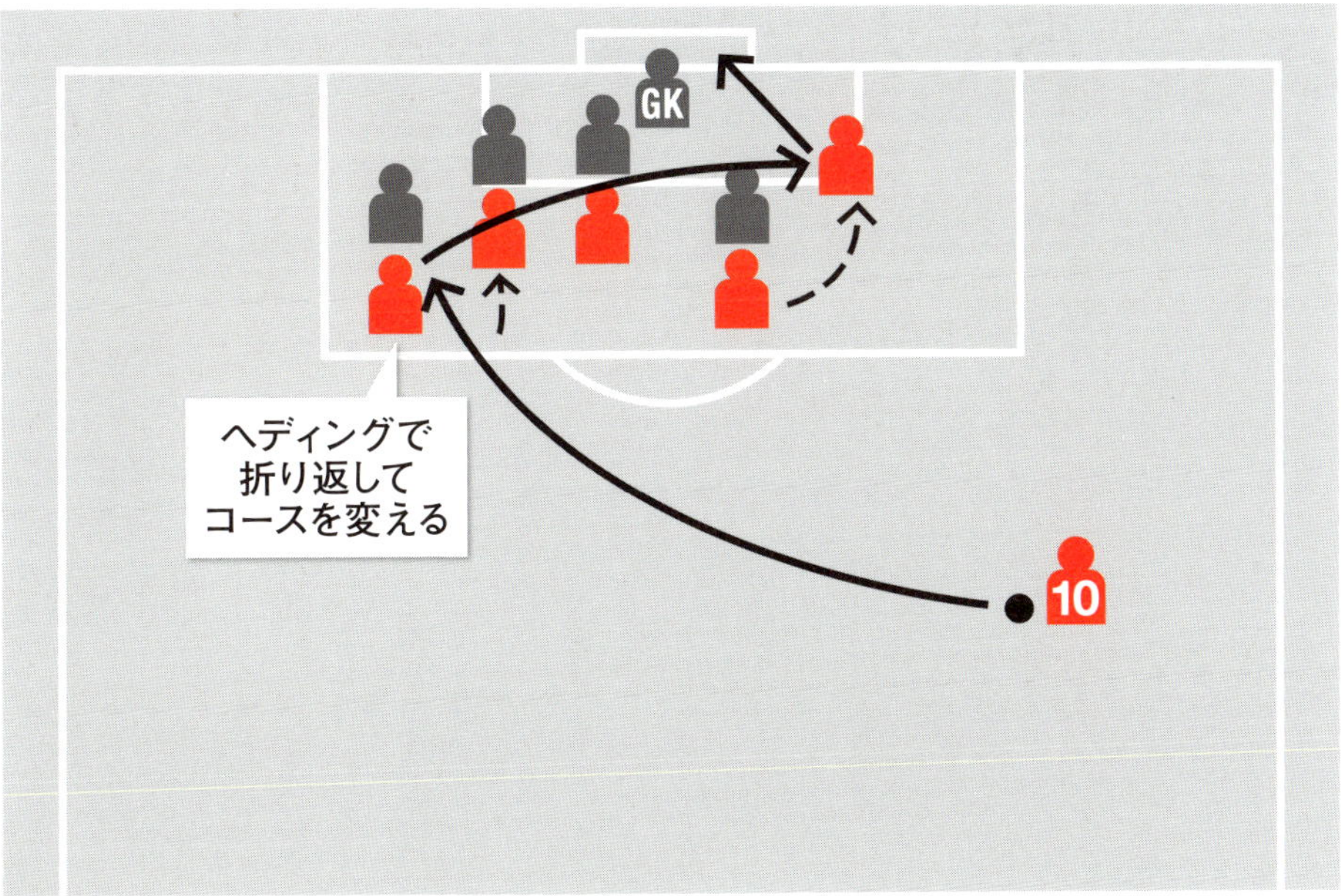

2 高く浮かせたボールをファーに蹴って、ヘディングの強い選手がゴール前に折り返し、味方が飛び込んで行きます

セットプレー

CHAPTER 7 5

フリーキック
サイドの位置

ゴール前に入れると見せてマイナスのパス

サイドからのFKは、コーナーキックに近い感覚のセットプレーです。ただ、FKのほうが角度があるので、キッカーによっては直接ゴールに向かうボール、GKとDFの間に速いボールを入れることも選択肢です。

コーナーキックよりも怖い選択肢が想定できるので、守るほうはさらに気を使わなければいけません。そういった相手の心理を利用したパターンを1つ紹介します。

ゴール前にクロスを入れると思わせてマイナスのグラウンダーでパスを入れるパターンです。相手はゴール前に意識が集中するので、マイナスはフリーになりやすく、意表を突けます。

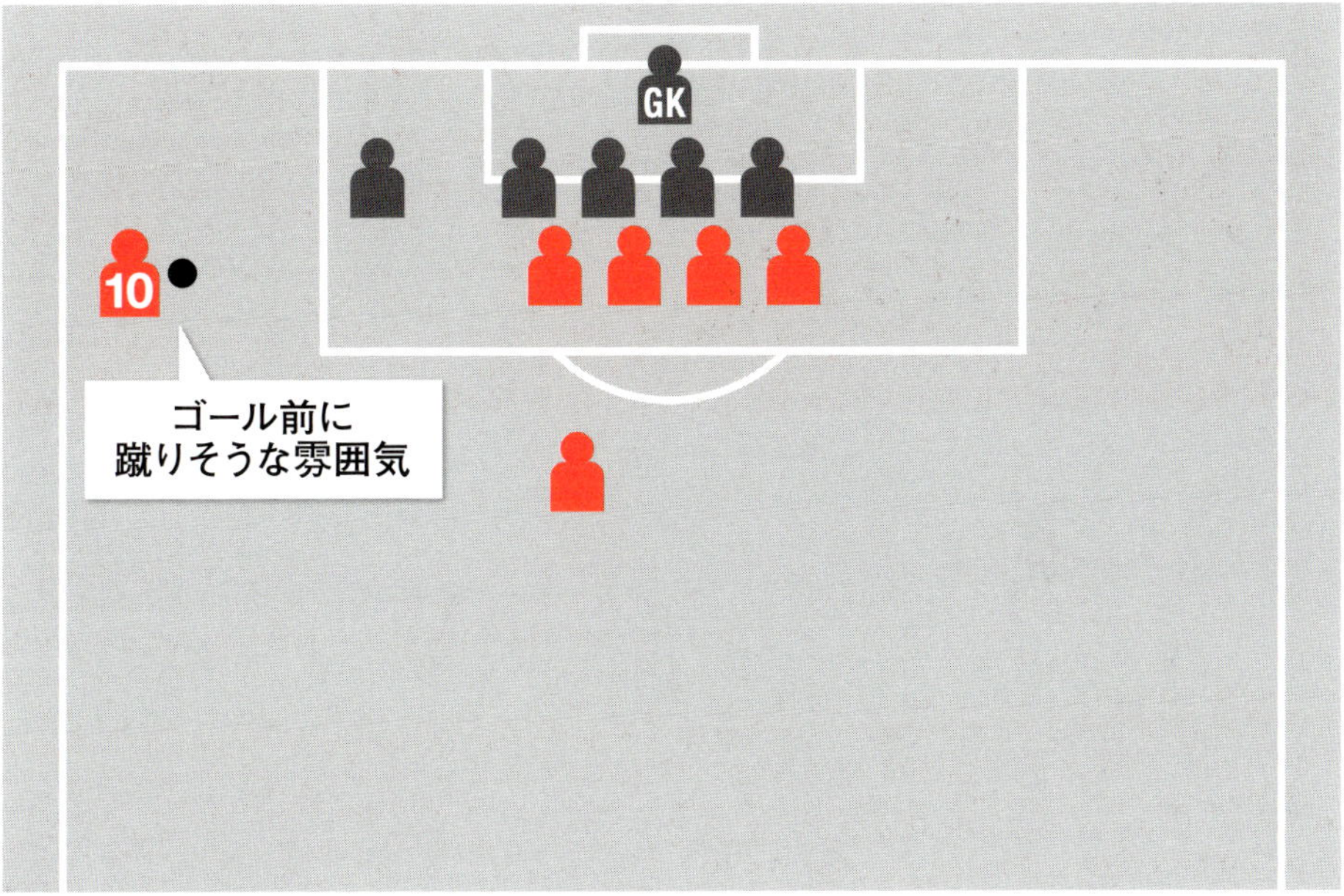

1 左サイド敵陣深くからのFKです。ゴール前へ合わせるボールを入れる雰囲気を出しながらセットします

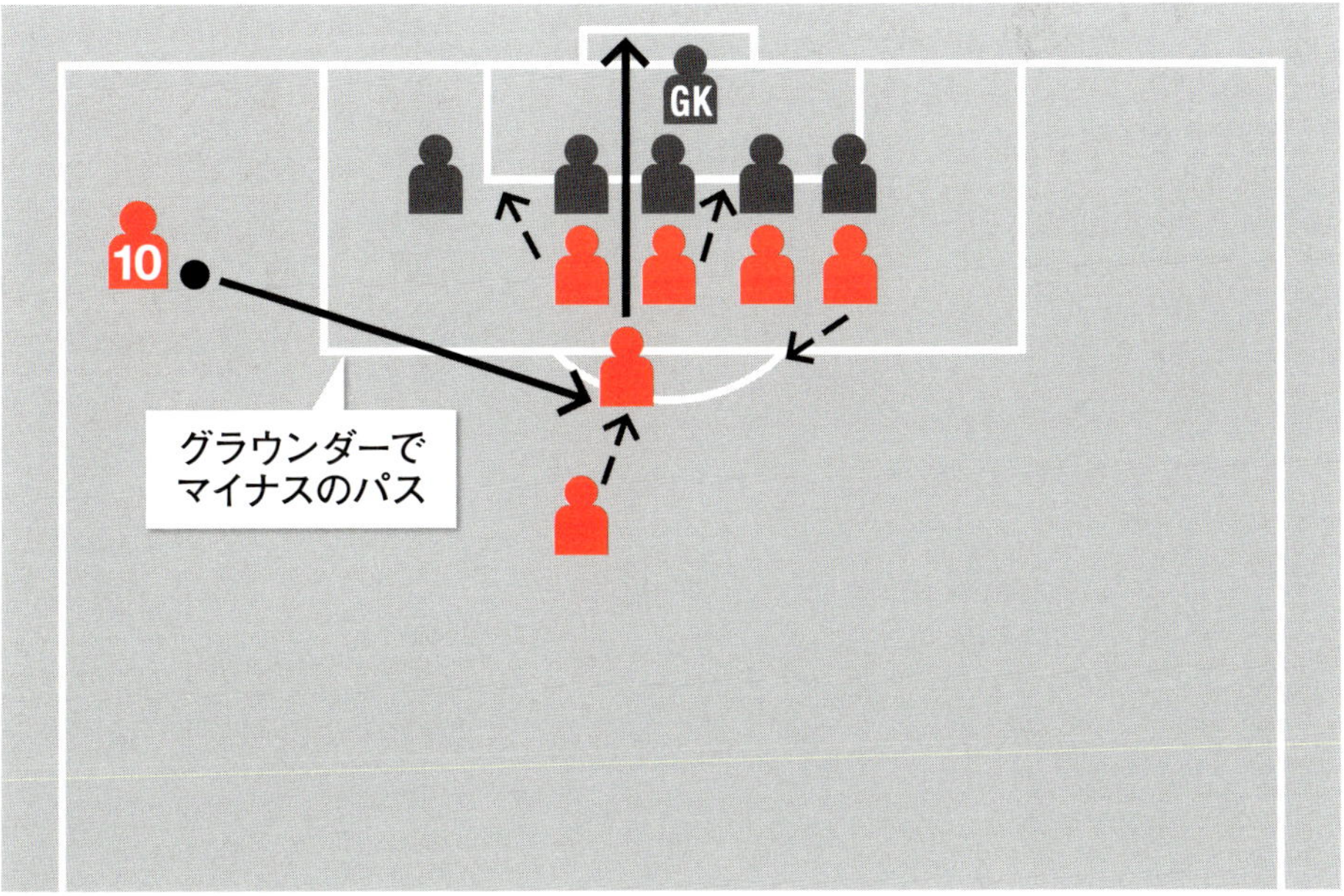

2 ペナルティエリアの外側でフリーになっている味方にグラウンダーでパスし、ミドルシュートを狙います

セットプレー

CHAPTER 7 6

フリーキック
ゴール正面の位置

壁に味方を立たせて GKからボールを隠す

　ゴールの正面で狙える距離のFKは、キッカーにとって大きな見せ場となります。特に正面からやや右寄りの位置は、レフティーが直接狙いやすい角度です。

　ここから狙う場合、壁を越えてニアサイドの空いているコースを狙うか、あるいはGKが構えているファーサイドに速いボールで狙う2つが選択肢にあります。ここではニア狙う場合を紹介します。

　GKはこちらの視線や身体の向きなどからコースを予測し、ボールを見て蹴るタイミングに合わせます。その2つを隠すために壁に味方を立たせてGKからこちらが見えないようにし、壁の上を通してニアを狙いましょう。

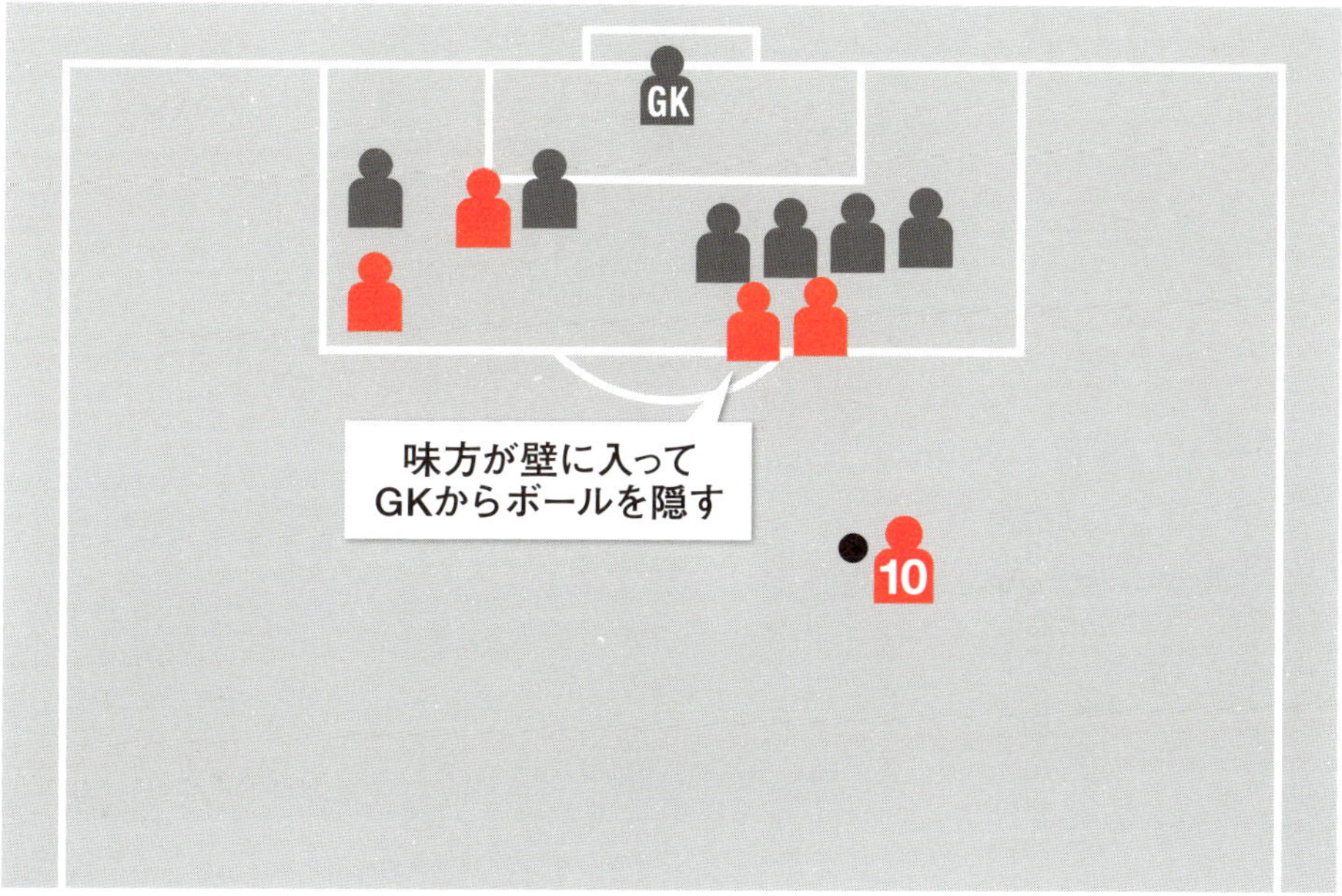

1 正面やや右寄りからのFKです。壁に味方を立たせ、GKからボールが見えないようにします

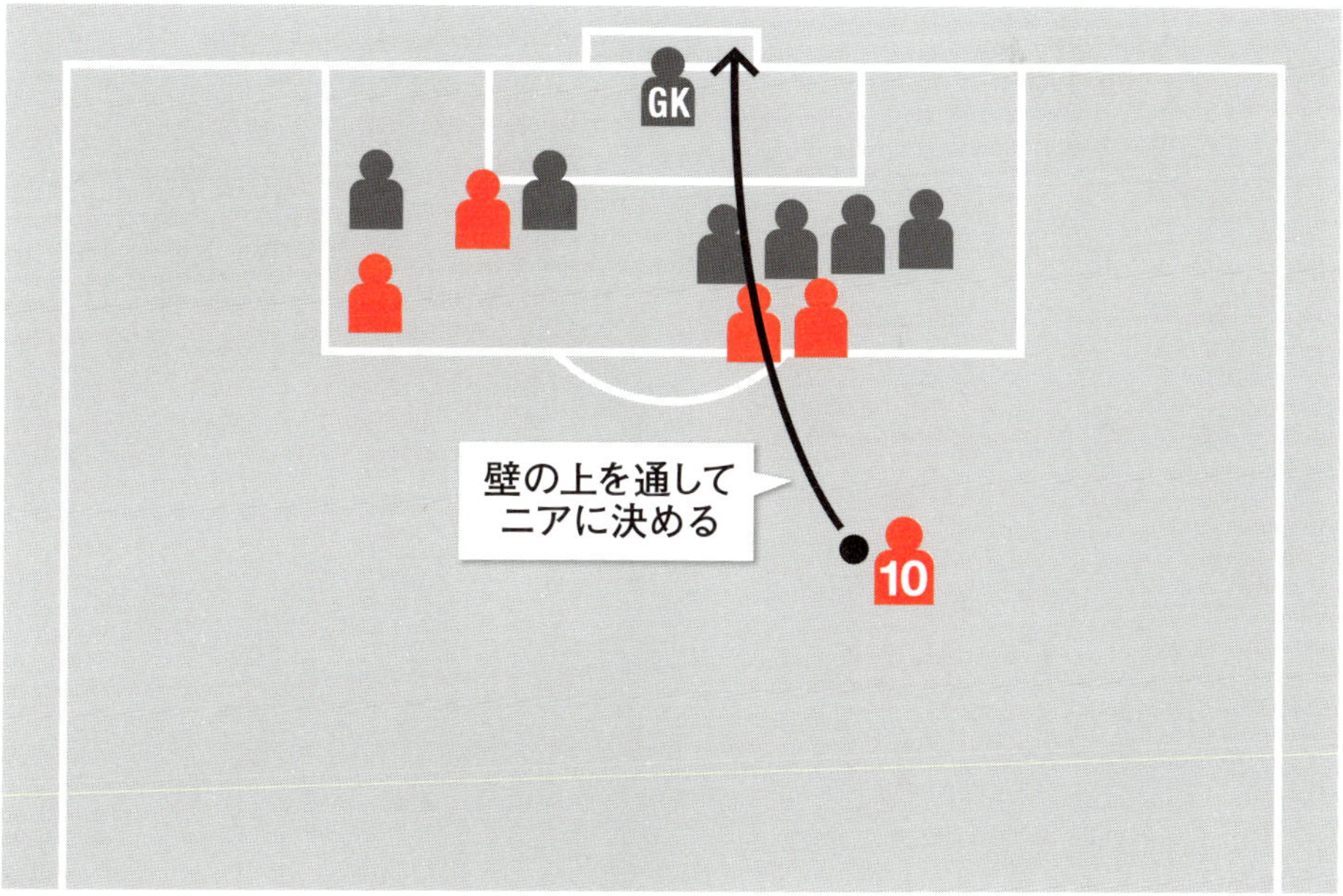

2 キッカーはジャンプした壁の上を通して、ニアのコースを狙います。GKはボールが見えない分、反応が遅れます

COLUMN

柏木陽介にまつわるキーワード

長袖

柏木陽介のトレードマークと言えば、長袖のユニフォームだ。夏場の試合でも柏木は常に長袖を着用して出場する。

スパイクにこだわりを持っていたり、独自のルーティーンを持っていたり、サッカー選手の試合への臨み方は千差万別だ。そのどれも自分自身が気持ち良くプレーするためのこだわりで、柏木の長袖も同様の理由だ。

ちなみに長袖にこだわる選手には、元イングランド代表のデビッド・ベッカムがいる。

CHAPTER 8

メンタル

ボールに触れない時はどうするのか、
ミスをした後にどうやって気持ちを切り替えるのか、
追いかける展開では何が必要なのか。
ゲームメーカーに求められるメンタルコントロール。

MENTAL

adidas
adidas

緊張感の中にも「余裕」を持っておく

試合前にプレーのイメージを膨らませる

試合への入り方というのは人それぞれ違います。ですが、試合前からあまりに気合いを入れ過ぎてしまうのは、ゲームメーカーにとって理想的な状態とは言えません。

ピッチ全体を俯瞰しながら、試合の状況に合わせてタクトを振るうのがゲームメーカーの役割です。それなのに、気持ちが前のめりになってしまうと、視野が狭くなったり、判断ミスをしてしまったりする確率が上がります。

完全にリラックスするというわけではなくても、緊張感の中にも「余裕」を持っておく。そういう心理状態でいることによって、その場における最適なプレーを選ぶことができるはずです。

僕が心がけているのは、どんなに大事な試合であっても、サッカーを楽しんでプレーするということ。次はどんなプレーで相手を引っ掛けようか、こんなことを試したらゴールが決まるんじゃないか……。常に頭の中でイメージしておくことが、ゴールにつながるのです。

パスコースを見ないで通すノールックパスや、トラップすると見せかけてのスルーなど、遊び心のあるプレーは、守る側にとって予想しづらいもの。

お互いに緊張感にあふれる大事な試合こそ、そうしたちょっとした遊び心から生まれたワンプレーが勝敗を決めます。

adidas

ミスをしてしまっても引きずらずに切り替える

ミスをした後はボールを奪うチャンス

ゲームメーカーには決定的なパスからゴールを生み出すことが求められます。ただし、ディフェンスも決定的なパスを通されないように警戒してくるので、狙ったところに常に通せるわけではありません。

　ましてや、サッカーは「ミスのスポーツ」とも言われるほど、ミスが多く発生します。どんな名選手であっても、ノーミスでプレーできる選手はいません。決定的なプレーを狙おうとすれば、そのぶんミスになる可能性も高くなります。

　ミスをしてしまうことは仕方ありません。ただ、大事なのはミスを引きずらないこと。スルーパスを狙って出したのにカットされてしまい、その場で頭を抱えている……。こんなシーンを見たことがある人はいると思います。

　ミスを引きずって、その後のプレーへの切り替えが遅くなってしまうと、良い守備をすることはできません。

　もしもミスをしてしまったら、すぐさま攻撃から守備に切り替えて、ボールを奪い返しに行きましょう。パスを出した選手がすぐに守備に参加すれば、それだけボールを奪いやすくなります。

　ミスをした後の切り替えを早くすることで、決定的なパスを勇気を持って狙えるようになって、ゴールにつながるプレーが増える効果もあります。

メンタル

CHAPTER 8 3

ボールに触って自分のリズムをつくる

近くの選手と短い距離のパス交換をするだけでいい

試合によっては、相手チームが攻撃の起点を封じるために、ゲームメーカーに特定のマークをつけてくることもあります。いわゆる「マンツーマンマーク」です

常に見張られていて、ボールを受ければ、素早く寄せてくる。密着マークにつかれていると、味方選手も失うのが嫌なので、パスがなかなか出てきません。そうなると、ボールに触る回数が少なくなってしまいます。

個人差はあると思いますが、ゲームメーカーとしてプレーする選手にとって、「ボールに触れない」というのは、すごくストレス。ボールに触れないと、自分のリズムをつくれません。

ですので、相手が密着マークをしてきた時は、プレッシャーが少なく、マークする相手もついてきづらい最終ラインやサイドのスペースでパスをもらいます。近くの選手と短い距離のパス交換をするだけでも、ボールに触ったことで自分のリズムが出てきます。そうやって落ち着かせるのです。ただし、プレッシャーの少ない場所は相手のゴールからも遠いので、そこから決定的なプレーをするのは難しくなります。低い位置で受けても相手にとって怖い存在ではないので、自分のリズムをつくったら、前に出てパスコースに積極的に顔を出していきましょう。

adidas

ゴールがほしい時こそ落ち着く

単調な放り込みではゴールには近づけない

先制ゴールを許してしまった……。リードされた状態で残り10分を切った……。必ず3点差をつけなければいけない……。サッカーの試合中はめまぐるしく状況が変わって、その中でゲームメーカーは攻撃の舵取り役を担わなくてはいけません。

ゲームメーカーに求められるのが、どんと構えて落ち着くこと。普段はパスをしっかりつないで組み立てているのに、ゲームメーカーが焦って縦パスを放り込んでしまうと、相手にとっては思う壺。単調な攻撃を繰り返しても、ゴールを決めることはできないのです。

「急がば回れ」という言葉があるように、ゴールが欲しい時こそゲームメーカーはどこが最短距離になるのかを冷静に見極める必要があります。

また、「焦らなくてもいい」というメッセージを伝えるのもゲームメーカーの仕事と言えます。

チーム全体がゴールに向かって前がかりになっている時に、ゲームメーカーはあえて横パスを出します。何でもなく見えるような横パスですが、それがチーム全体へのメッセージとなります。

良いゲームメーカーは試合の流れを読んで、今はどんなプレーが必要なのかを察知することができます。そういう選手を目指しましょう。

ゲームメーカーとして大事にしている2つのこと

ゲームメーカーとして、僕が大事にしていることが2つあります。

1つ目が、味方の選手を気持ち良くプレーさせること。

パスの受け手の選手にはさまざまなタイプがいます。できるだけボールにたくさん触ってリズムをつくりたい選手。ディフェンスラインの背後を狙っている選手。スピードに乗ったドリブルで仕掛けたい選手。

僕はピッチにいる選手のタイプに合わせて、パスの出し方を微妙に変えています。ワンタッチ、ツータッチでポンポンとショートパスを交換することもあれば、長いボールでディフェンスラインの背後を狙うこともあります。ドリブルが得意な選手には大きなサイドチェンジで仕掛けやすい状況をつくる。

そうやって、選手の得意なプレーを引き出せば、「この選手は良いパスを出してくれる」と感じてもらえるので、ボールを持った瞬間に、どんどん動き出してもらえるようになります。「味方からどれだけ信頼してもらえているか」はゲームメーカーにとって、すごく重要です。

2つ目が、相手と駆け引きをすること。

ゲームメーカーは味方の状況だけでなく、相手の状況も考えてプレーしなければいけません。相手はどんなシステムなのか、どういう守り方をしているのか、どこのマッチアップで勝てるのか。

そうしたことを頭の中で考えながら駆け引きをするのです。例えば、引いて守っている相手に対しては、わざとディフェンスライン

の背後を狙う斜めのボールを多めに入れます。

守っている相手にとって一番楽なのは裏を狙ってこないことです。最初のプレーで「こいつは裏に出してくる」というイメージを与えられれば、次に僕がボールを持った時に、相手は裏へのパスを警戒して寄せてくる選手とディフェンスラインを下げたい選手に分かれます。それによってできた〝間〟を使って、中央から攻めていくという選択肢ができます。

サッカーは相手がいるスポーツです。どうすれば、相手を崩すことができるのか。さまざまな駆け引きを仕掛けてうまくはまった時は最高に面白い。

ぜひ、駆け引きの楽しさをみなさんにも味わってほしいと思います。

監修 柏木陽介（かしわぎ・ようすけ）

1987年12月15日生まれ。兵庫県たつの市出身。

浦和レッドダイヤモンズ所属のミッドフィルダー。

高校時にサンフレッチェ広島ユースに加入。

高円宮杯全日本ユース選手権初制覇を果たし、2006年にトップチームに昇格。

翌年、FIFA U-20 World Cup 2007 で主力としてベスト16進出に貢献した。

2010年には浦和レッドダイヤモンズへ移籍。

攻守の要としてチームを支え、2014・15・16年とJリーグ優秀選手賞を受賞。

2016年にはYBCルヴァンカップで優勝し、自身初のJリーグベストイレブンにも選出された。

日本代表として国際Aマッチ11試合出場（2017年2月現在）。

撮影協力

レッズランド

〒338-0825　埼玉県さいたま市桜区下大久保1771
TEL. 048-840-1541　FAX. 048-840-1560
施設営業時間＝火～木9:00～18:00　金・土9:00～22:00　日祝9:00～20:00
月曜休（祝日の場合は翌日）
http://www.redsland.jp

STAFF
編集　北健一郎
構成　篠幸彦
写真　浦正弘、松岡健三郎
本文デザイン　坂井図案室
カバーデザイン　柿沼みさと

パーフェクトレッスンブック
サッカー　ゲームメークの教科書

監　修　柏木陽介
発行者　岩野裕一
発行所　株式会社実業之日本社
〒153-0044　東京都目黒区大橋1-5-1 クロスエアタワー8階
[編集部] 03-6809-0452　[販売マーケティング本部] 03-6809-0495
振替　00110-6-326
実業之日本社ホームページ　http://www.j-n.co.jp/

印　刷　大日本印刷株式会社
製本所　大日本印刷株式会社

ISBN978-4-408-45625-6（第一スポーツ）

1703（01）